一个美术馆馆长的札记

一样春风几样青

曹俊 著

文汇出版社

/目录

自序　1.

世界视野下的苏州　15.

另一个苏州和另一个时间　21.

前度桃花今又来　31.

阊门图里最江南　39.

还乡　53.

家住江南春归处　59.

沧浪濯缨　67.

其人如玉　77.

一蓑烟雨任平生　83.

自得乾坤造化心　89.

此身无我自无穷　93.

一代人的美好记忆　103.

聚集大地的美丽　109.

春光重豁吟眸　117.

诗心滢滢水潺潺　123.

煜煜翰墨炯心光　131.

浩荡光风相候　141.

心共荷塘天游　145.

橙黄橘绿春满时　149.

摘得星辰满袖行　155.

心匠自得为高　167.

梦想见容辉　171.

满楼苍翠是平生　175.

又见依依江南　181.

挥弦远行曲长存　187.

长度与宽度（后记／张立行）　191.

自序

二十年前,我有缘全程参与苏州博物馆新馆建设,受贝聿铭先生及诸前辈启发,日久濡染,又兼潜心参悟,渐窥美术馆建设与运营之奥。这既是偶然,又是一种奇妙的缘分。2013年末,我有幸执掌苏州美术馆,这亦是一种偶然。既来之,则安之。我抱着如履薄冰的心情,施展策展、学术研究及推广等诸多构想,栉风沐雨、惨淡经营,积累不少经验及收获。苏州美术馆的策展与运营,终与之前的路数大不一样。

文化是一座城市的灵魂,美术馆则是一座城市文化实力的重要标志。众所周知,苏州美术馆乃颜文樑先生于1927年在姑苏城南宋代名园沧浪亭亲手创立。岁月空移,九十三载韶华如驶。烟雨画桥、枕河人家的苏州依然妥妥地充盈着诗性、画意和灵秀。颜文樑先生"希望我山明水秀之苏州，成为世界美术之中心"的莹莹初衷亦峭然薪传，熠熠生辉。来自何方？"一个人一个馆一个城"便是苏州美术馆不变的初心和永恒的学术追求。情归何处？苏州所独具的历史文化内涵及其所蕴含的珍贵人文精神，永远是我们铭感难忘的精神家园，永远是我们思念的浓浓乡关，更是苏州美术馆所仰赖的深深血脉。

万事开头难。苏州最灿烂动人、最脍炙人口、对外影响最为深邃者，应首推她的历史文化。我选择最为吃力不讨巧的学术研究入手，全面提高统筹利用"外脑外力"的能力，实现对海内外人才资源的合理高效利用，打造学术新成果的高地。"结硬寨，打呆仗"，组织团队，奔波于各大图书馆、档案馆和田野乡间，搜罗文献，查证史实。选题攻坚，既勤搜博采，校勘辨订，又取精去粗，开创新义。殚精覃思，既承人文之精髓，又衍文脉之正道，唯勤劬撰次有关苏州的"学问"及其记录和研究，探得英华，发扬光昌。故在2015年，我首次提出"苏州学"之概念。后又汇集一批海内外优秀学者，精诚合作，潜心营造"苏州学"研究原创性体系。宏观远瞩，苦心孤诣，综合运用历史学、社会学、人口学、经济学、统计学、人类学、训诂学和美学等相结合，率先推出荟萃海内外优秀学者以世界视野研究苏州的论文集，陆续出版关注研究苏州历代人口变迁、经典文学艺术、大运河历史文化、民风民俗等九部专著。

宏业艰巨，跬步今始。

展览者，文心也。苏州美术馆的策展与"苏州学"息息相关，浑然一体。高更画有一幅不朽之作，题为"我们从何处来？我们是谁？我们向何处去？"。"苏州学"以弘扬苏州优秀历史文化为帜志，而展览既高扬苏州历史文化之优秀品格，又洋溢着"苏州学"之高远气韵。披荆斩棘，个案深研，自典型破题，将苏州美术馆带入一个累累硕果的崭新阶段。

一是重寻经典之人。历史是人民创造的。欲知晓一地之文化，应重点研究此方土地滋养陶冶之人民，尤其是代表人物。苏州名人灿若星辰，文采风流，为天下冠。此苏州人民当引以为自豪者。苏州现存最古老的古典园林沧浪亭内建有五百名贤祠，刻有五百九十四位道德才学忠义俱佳的名贤像。名贤祠廊柱上撰有清两江总督陶澍亲书对联："千百年名世同堂，俎豆馨香，因果不从罗证；廿四史先贤合传，文章事业，英灵端自让王开。"辱蒙名人亲友厚爱，赐以名人日记、书信及照片等，均为经年未见的珍贵文献，如获玑璧。一个个寂寥而充实的日子，在默默整理发掘名人日记书信、治学随笔、亲友影像中不知不觉度过。点点滴滴积累储存，再联贯组织，始得粗就朅括，终以一个个文献展的形式呈献给观众。自2015年始，苏州美术馆先后举办"贝聿铭文献展""苏州美术馆建馆九十周年大展——

颜文樑文献展""吴中耆宿——张一麐文献展""俯仰两无愧——叶圣陶文献展""诗人导演——费穆文献展""吴门巨擘——吴敔木作品展"等。撷范仲淹之情怀,扬顾亭林之气节,林林总总,"开拓万古之心胸"。先贤之道德文章、功业事迹、高风亮节和襟怀气度,观之使人如觅获夙心,虽不能探骊得珠而心向往之。

二是重现经典之事。往事如烟,世间万物不停变动。许多事或久湮尘土,或散失已远,或面目不清。后人把卷,往往如坠深谷。从中外文史典籍中披沙沥金,挖掘出代表着苏州浩瀚历史文化长河中重要的"事"。尤以"多重时间——苏州与另一种世界史(Histories of a Global Hub)"为主题,苏州美术馆于2016年夏主办"苏州文献展",全面展示苏州与海上丝绸之路间生动的场景,娓娓叙述苏州与世界的相遇、交融与互动。澄怀观道,重新发现全球文献展之先驱——"1937年吴中文献展"。抚今追盛景,感慨万千重。当时推动重振文化自信以期"救亡图存"的"1937年吴中文献展",远远早于始创于1955年的德国卡塞尔文献展。苏州美术馆遂尽心尽力搜集整理彼时展览之目录、古籍善本、书画及报刊,得以主办"1937年吴中文献展研究展",复原和重构当年集苏州公立和私立收藏之大成、向公众展出文物书画典籍六千余件之空前盛况。八十三年前的"1937年吴中文献展"彰显了苏州历史文化之光芒万丈，八十三年后的展览策划象征着我们这一代人不背初衷、矢志不渝薪传苏州文脉的艰辛跋涉。

三是重觅经典之物。聚焦重要的"物"自明代以降在苏州历史、文化、艺术、商业及对外交往之独特地位。历经千辛万苦，苏州美术馆于2016年末主办"姑苏繁华录——苏州桃花坞木版年画特展"，从享有"东方古艺之花"美誉的桃花坞木版年画锲入，展出典藏于法国国家图书馆、日本神户市立博物馆、日本町田市立国际版画美术馆、辽宁省博物馆等最为秀雅隽永之雍正、乾隆两朝"姑苏版"。汇集中、日学者一致的研究成果认为，在清代前期和中期，一批熟稔"姑苏版"的工匠，东渡日本长崎，传去"姑苏版"技艺，影响了日本"浮世绘"的产生，而日本"浮世绘"又影响了法国印象派的产生。太平天国战乱之后，桃花坞木版年画的工匠纷纷迁入上海，催生了小校场年画；还有一批工匠进入"点石斋"，逐渐开启了上海月份牌艺术。美轮美奂之桃花坞木版年画所带来的思考，海内外为之惊艳。苏州，特别是她的文化，始终与世界紧密关联，绽放出她特有的开放和包容。

四是重绘经典之景。唐代诗人白居易曾写下："江南好，风景旧曾谙。日出江花红胜火，春来江水绿如蓝。能不忆江南？"杜荀鹤则写道："君到姑苏见，人家尽枕河。"沈复在《浮生六记》用如珠玉般的文字，娓娓道来苏州平常人家恬淡精致的生活,直到今天依然能够深深打动我们。"江南"不只是一种地理概念,更是中国的文化符号,而苏州则是江南的典型人文活态存在!苏州美术馆自2015年始策划承办永久落户的"江南如画——中国油画作品展",并已连续举办三届。经过中国油画学会最具权威性的油画家和专家严格筛选,展出十件颜文樑艺术奖作品、二十件颜文樑优秀奖作品和入选作品一百四十件左右,以及詹建俊、靳尚谊、许江、全山石、钟涵等三十余知名油画家的特邀作品三十余件。每届展览均吸引六千余件画作投稿参与初选,这些画作倾心表现江南生活、江南景观、江南文化以及江南人文,均是令人留恋神往的优美画作。"江南如画"展已成为我国油画界重要的高端学术品牌,有力推动了中国油画的创作以及东西方艺术精髓的融合,推动油画家们焕发出崭新的创作热情,涌现出一大批精品力作。恰如中国文联副主席、中国油画学会主席、中国美术学院院长许江所说的:"让这园林的精神进入到绘画中来,移步易景,巧于因借,简约宏美,逐步建构中国油画的语言之道。""江南如画"展又浓缩了当代油画家的文化追求,蘸满饱含深情的画笔写出江南的诗性表达,绘出东方绘画的自信,堪为令人向往的江南神韵和中国故事不可多得的美好表现。

　　五是探索沪苏"双城"美术展览一体化。上海和苏州具有共通的文化根脉和共有的精神家园,文化交融方兴未艾,渐成上海和苏州一体化发展的题中之义。紧紧抓住长三角一体化上升为国家战略的重要机遇,苏州美术馆自沪苏"双城"美术交流互鉴入手,以江南文化为共同的文化标识,仅在2019一年间便策划一系列"双城记"美术展览活动。2月,策划主办"意象江南——庆祝新中国成立七十周年艺术大展",先后在苏州美术馆和上海刘海粟美术馆举办,获广泛好评;7月,推出"三生长忆是江南——海上名家姑苏诗意作品特展";8月,联合上海市书法家协会主办"初心·前行——庆祝新中国成立七十周年上海书法名家特展";9月,主办"寻觅江南——乐震文、陆春涛双个展"。这一系列高质量的美术大展,立意都是促进沪苏文化交融,抒写美学与江南文化认同和追求积极融入长三角一体化大战略。通过"借船出海",将长三角地区最好的美术资源聚集到展览中,不仅把中国现代艺术梳理了一遍,挖掘了江南文化的厚重内涵,还有效输出了苏州的优秀文化品牌。

六是大力引进海外艺术菁华。譬如,以"人诗意地安居"为主轴,撷取"艺术行家中的行家"——建筑师予以关注。经过两年多艰苦努力,迄今最大规模的柯布西耶展得以首次离开法国本土,远渡重洋在苏州美术馆举办。展览以色彩为全新视角,既展现柯布西耶在1920-1930年代的"纯粹主义"、1940-1950年代的"粗野主义"、1960年代的"抒情和光明"各时期的建筑代表作,又精心挑选柯布西耶鼎盛时期创作的油画、设计手稿、雕塑等百余件,深受来自全国各地观众的追捧。贝聿铭先生曾说:"我至今仍记得勒·柯布西耶来到麻省理工时的情景,与勒·柯布西耶在一起的那两天可以说是我建筑教育中最重要的两天。" 柯布西耶的十七件作品已被联合国教科文组织世界遗产中心收编进名录。在中国城市建设正处于由量的扩张向质的提升的关键期,重温大师的作品,探寻大师的思想,推动艺术界与规划建筑界心存泉石、面向未来,共同研究如何提升城市规划建筑的品质,让城市发展更具诗意的美,具有深远的现实意义。

展览者,作品矣。"作品作为作品缔建一个世界。"(海德格尔语)展览是一种塑造美的艺术,亦应有一种感染人心的魅力。策划展览的过程,亦是创作艺术品的过程。每一次策划乃活法,皆是创造,都是心灵深处流淌出的灵泉。意匠独运,玲珑活络,动静观瞻,有千岩万壑之趣。若能将展览做成展览,只是凡品。若能用主观印象于客体,紧守中国的传统审美趣味,又与当代理念和当代技巧相结合,呈现得有声有色、富于韵律,就不简单了,已登堂入室,可称不可多得之佳作。我逐渐探索出了一套表现性与写意性融洽的展陈语言,将内在之真淳隽永与外在精美艺术熔于一炉，深造自得，满怀生机。把握展览的整体美学效应，精心组织，力求体例谨严、编次合法、布景内敛、字体俊秀、色彩雅致，配以线条和灯光的专业运用，尽得写意美学精髓，使观众心与展同，情与展谐，流连忘返。

展览的学术翔实，贵在学养；而展览异彩纷呈，却是才气的表现。顾恺之曰："传神写照正在阿堵之中。"我完全颠覆文献展古板静止的固有印象，赋予"剧场性"和"跨媒质性"，虚实相生，以虚喻实，以静制动。我尤其重视展陈品质，特别设计每个展览各自特有的差异化展陈方式，注重每个展览背后不同的时代背景和特征，营造出每个展览独有的氛围和韵味。展陈手法上既古又今，既中又西；既重色彩，又重材质。展陈语言上，既有架上绘画，又有影像和装置；既有静态的文献资料，又配以所处时代的诗歌、音乐和照片，求其神似，求其境界，求其情韵。

念兹在兹，放大每个自策展览的辐射和溢出效应。我特别重视展览图录和书籍的品质，坚持一流的展览配套一流的图录的理念，组织国内最好的策划设计出版团队，精心编纂，不舍昼夜。策划、编纂、组织出版的《姑苏繁华录——苏州桃花坞木版年画特展作品集》是最为成功的范例。秉持"用当代的语言把中国传统文化传递出去"的设计理念，延请国内最为出色的设计师刘晓翔担纲，以当代设计语言来衬托古典之美，以中英文排版方式、字体、颜色等对比造成的视觉冲突，以不同的页面尺寸、不同的纸张厚度，以及书封上被木刻刀刻出的镂空等重新诠释桃花坞木版年画。该书一经问世，屡获国内外大奖，分别有"中国最美的书"、第64届国际设计竞赛全场大奖（NY TDC 64 Best in Show）、美国设计协会"全球年度出版物设计大奖"(The ADC 97th Annual Awards-Bronze)、日本东京2018年度大奖（Tokyo TDC Annual Awards 2018）等。展览图录的火热表现，在海内外显著提升桃花坞木版年画的认知度、美誉度和影响度。

展览之外，我对苏州美术馆的诸项建设亦投入了许多心血。致敬苏州美专校刊《艺浪》，推出《艺浪》苏州美术馆馆刊，辑录理解、阐释和弘扬苏州美专精神之每一点小小的努力，以铭记颜文樑先生"谋艺术进步和社会改善"之理想和追求。引入虚拟空间的自助服务。官网全面改版升级，采取国际最先进的slider滑控操作模式，充分提升用户的访问体验舒适度；"微信公众号"主动推送服务和活动资讯，方便市民查询场馆资料信息，并可预约报名参加公共教育活动等。利用虚拟现实技术和网络技术打破了美术馆实体场馆的局限性，扩展美术馆的延伸空间和社会职能，满足市民群众对于美术馆的各种功能期许，足不出户就可以享受到高质量公共文化服务。推出"苏州文献展""姑苏繁华录——苏州桃花坞木版年画特展"等网上全景虚拟展览，为市民群众打造一个无边界的网上虚拟美术馆。利用先进的多媒体和网络技术，将美术展览、馆藏作品及相关信息资源以数字化的形式进行展现，以交互方式实现苏州美术馆的展览、研究、教育功能。市民群众随时随地都能了解苏州美术馆最新的展览信息、展览网上实景展示，还能在线观看"美术馆里的美术课"、"相约美术馆"系列讲座、艺术体验等，查询欣赏馆藏作品、咨询预约公共教育活动。突出实体空间的创新体验，以免费的无线网络环境打底，建成大型数字互动墙。全面展示馆藏油画、中国画、粉画等资源；方便观众随意查看馆藏品图片及近期展览展品图片，达到展览永不落幕的效果；实现双向便捷互动，观众可采用挥手、手指停留等方式隔空操作观看，还能点赞、下载；实现同步大数据采集、统计分析观众的喜爱偏好；实现作品图片"带"回家，观众对准二维码扫描，可以把作品图片直接下载反复观看。通过加快与现代科技、"互联网+"深度结合，全面转型升级公共文化服务的内容和形式，苏州美术馆已经成为技术新应用和服务新方向的重要策源地和枢纽，努力让最新的、最有吸引力的、最优质的文化和科技新成果、新服务惠及更多市民群众。

梵高说过："你是麦子，你的位置在麦田里，种到故乡的土里去，将于此生根发芽……"苏州美术馆近年来倾重力打造一个又一个有温度、有内涵、有品位的展览,厚植于苏州这片文化沃壤,挖掘和诠释苏州丰厚的文化历史内涵,给予观众美的陶冶。这些展览推出后,大受社会各界欢迎,上级部门、业界同行、媒体朋友,或是普通市民,均予以肯定好评,深感欣慰。"江南如画——中国油画作品展"荣获文化部全国美术馆优秀展览项目和国家艺术基金资助项目;"苏州文献展""颜文樑文献展"分获文化部全国美术馆优秀展览提名项目;"姑苏繁华录——苏州桃花坞木版年画特展"获国家艺术基金资助项目,相关巡展获文化部文化志愿服务典型案例。苏州美术馆连续跟踪三年的大数据统计分析亦显示,二十至四十岁的中青年观众占总参观人次的46%,成为观众的主要群体;以"苏州和江南文化"为主题的展览吸引的观众人次占总参观人次的57.3%,其中"贝聿铭文献展"成为最受欢迎的单项展览。

百年易尽,天地无穷。以上枚举之"人、事、物、景",仅是历史文化沧海中一朵朵浪花,却代表着苏州人民的文化创造,是苏州历史进步和文化繁荣的真正产物,承载着珍贵的中华人文精神,体现着真正的中国精神意蕴,昭垂万世。正因为"苏州学"有着不可重复的独特性、在地性和民族性,以"苏州学"为根基的展览才有生生不息的生命力,才有立足于世界的独立性。

《荀子·劝学篇》曰:"真积力久则入。"晚学天性鲁钝，惟以至拙，极无可如何之诚心拙力，用情展览之中，放怀展览之外，透过展览表现出千载之覆，与观众共语丹青，与观众追思澹远，与观众相悦灵心。筚路蓝缕，传承文脉，缺憾还诸天地。庄生云："吾生也有涯，而知也无涯。"晚学学问才识浅陋，难以胜任巨著，惟尽炳烛之明，写出此篇拙文，而所抒实未尽也。抚躬自思，殊觉愧赧。弦歌相续，存乎一心。亟盼有志之士热忱襄助，垂晖映千春！

苏州园林

世界视野下的苏州

宋代长虹称洛阳，圣朝新建庆无疆。
士民鳞集谁题柱，商贾肩摩少泛航。
震泽廻澜当锁钥，胥江免渡赖舆梁。
贤侯政绩超千古，杜预勋名得益彰。

这首诗句摘自日本神户市立博物馆藏之清乾隆五年"姑苏版"《姑苏万年桥图》上的题跋，配合精美的画面，栩栩如生地描绘了当时苏州之繁华昌盛景象。这张秀雅隽永之画作尺幅超过一米，气势恢宏、精美绝伦，曾于2016年末在我策划的"姑苏繁华录——苏州桃花坞木版年画特展"上一展芳容。"滴水观沧海"，姑且不论其艺术价值，仅仅透过《姑苏万年桥图》所传递出的历史文化信息，便可一窥当年苏州的盛景，娓娓读出苏州的历史进步，读出苏州的文化璀璨,读出苏州人民的伟大创造。

自春秋时代苏州建城以来,两千五百多年川流水逝。"苏州"这一名称最早出现于隋代,距今亦有一千四百余年了。自唐宋以降,世人便公认苏州乃江南文化风雅之宗。始于旧石器时代迄至清代的考古史料,丰富而完整,是研究苏州的第一手资料。考古发现和研究确之凿凿。具体而言,在太湖三山岛发现的旧石器文化遗存,把人类在苏州地区居住和活动的时间从新石器时代前推至旧石器时代。在吴江梅堰、吴江同里、吴县张陵山的考古发现,详细记录了苏州的新石器文化面貌;灵岩山墓葬反映了周代"勾吴文化"遗存;阖闾大城、原始青瓷和白玉文物代表着春秋战国时期吴地最有代表性的缤纷样貌;汉代釉陶和六朝青瓷是汉魏时期吴郡的重要考古发现;尹山宝藏、秘色瓷碗、平江古城彰显着唐宋文化在苏州的繁盛优雅;张士诚纪功碑和娘娘墓则是元代文化在苏州的重要遗存;反映明清两代苏州的考古成果更透露了苏州的流金岁月。

浩如烟海的历史文献资料对苏州"学问"的记录,既详实亦延续两千多年不绝。比如,春秋时期的《左传》《国语》等;汉代的《越绝书》《吴越春秋》等;魏晋南北朝时期的《吴郡记》《吴先贤传》《吴国先贤赞》等;唐代的《吴地记》《苏州记》《姑苏志》等;宋代的《苏州图经》《吴郡志》《吴郡图经续记》等;明代的《苏州府志》《姑苏志》

《吴中水利全书》等；清代的《苏州府志》《吴门表隐》等；民国时期的《吴县志》、档案、报刊史料等；1950年以来编修的地方志等史料。这些文献记载配合考古发现与实物，应是开展苏州"学问"研究的立足点和可靠来源。

近百年来，海内外学者有关苏州的研究成果雨后春笋般问世，引人瞩目。英国学者李约瑟在其名著《中国的科学与文明》中，对宋代苏州进行了介绍，认为当时的苏州非常繁华，已是彼时中国的商业、交通中心。美国西北大学柯必德教授在《天堂与现代性之间：建设苏州（1895-1937）》一书中指出，十九世纪九十年代以来，苏州开始借鉴并采纳西式都市计划。这导致了城市空间在人文和自然领域的变化及转型，这种变化和转型又反过来重塑了城市社会与经济的关系，并决定了苏州作为现代城市的重要地位。苏州大学陆振岳教授在《苏州沿革考略》一文中，对苏州得名的由来与变化、吴国都城、州治和府治等重要问题进行了细致考订。华中师范大学马敏教授在《历史研究》上发表的论文《商事裁判与商会：论晚清苏州商事纠纷的调处》，对相关问题进行了深入研究。凡此种种，不胜枚举。

我认为，正式提出"苏州学"的概念，并开展系统的整理与深入研究，已到了水到渠成的时候。当我向学术界同道提出征询意见时，得到了大家的普遍赞成。自此，我与一批海内外优秀学者精诚合作，厘清"苏州学"即是关于苏州的"学问"及其记录和研究,并以此为研究重心,从多维角度,将苏州作为典型个案放置于大历史的叙事中研究,用更为完整的画面——历史、思想、文化、社会、经济等,重新发现苏州在世界历史文化长河中的"在场"。更为重要的是,在互联网迅捷而深度连接起中西方的今天,我们充分吸纳中外优秀成果,既"中"又"外";既"博"又"通",综合运用历史学、社会学、人口学、经济学、统计学、人类学、训诂学和美学等相结合的方法,掷地有声地营建"苏州学"的原创性研究体系。

历经近两年的殚精竭虑,我们从中外文史典籍中披沙沥金,在苏州城乡间详尽扎实地做田野调查,查阅搜集了一大批方志、碑刻、族谱、契约文书、账本、书信、日记等第一手文献资料,"上穷碧落下黄泉",不遗余力考订、诠释和分析厚实多维的史料,再度叙述一段段引人入胜的真实发生的故事。推出的第一批研究丛书汇集了海内外学者有关苏州的研究成果,关注新的史实、新的观点与问题意识,探讨苏州历代人口变迁、苏州的民俗文化、苏州文学艺术、苏州方言及非物质文化遗产、苏州园林和大运河遗产等十个方面的研究领域,微观个案与宏观透视互相辉映,忠实勾勒出苏州在世界历史长河中的精彩全貌和动人意蕴。

史志档案卷帙浩繁,"究天人之际,通古今之变,成一家之言"的使命确属艰难。尚有许多更富意义的问题值得深入探讨,期待更多有志于此的同道不吝指教、鼎力相助,筚路蓝缕开创"苏州学",使之成为一门"显学",幸莫大焉!

《世界视野下的苏州》书影

展览海报

另一个苏州和另一个时间

自古以来，苏州以文化鼎盛、精致典雅而闻名天下，被誉为"人间天堂"。苏州与世界的交流源远流长，特别是明代郑和七下西洋，就是从太仓刘家港起锚的，这是中国古代规模最大、船只最多、海员最多、时间最久的海上航行。2016首届苏州文献展（Suzhou Documents）即是在"一带一路"宏伟蓝图下，以"海上丝绸之路"的历史作为出发点，以"多重时间——苏州与另一种世界史（Histories of a Global Hub）"为主题，以江南文化为依托全面展示出苏州与海上丝绸之路间生动的场景。

著名学者萨义德在《东方学》开篇即引用马克思在《路易·波拿巴的雾月十八日》中的名言："他们无法表述自己；他们必须被别人表述。"由此萨义德提出了一个重要的观点：自后启蒙时期，欧洲文化正是通过东方学以政治的、社会的、军事的、意识形态的、科学的及想象的方式来处理——甚至创造——东方。当我们尝试用更为完整的画面——历史、文化、社会、经济等,从人文社会科学的多角度,将苏州这一个案放置于大历史的叙事中研究,我们的视野将无可回避地引出一系列有意思的问题:如何重新发现苏州在世界历史文化长河中的"在场"?如何用新的方法、观念、洞见,"再现"建构在我们自己理解和认识基础上的愈来愈面目清晰的历史文化?如何不依赖于西方的公共机构、认知、传统,真实地表述苏州之璀璨文化?

"作品的存在就是建立一个世界……作品让大地成为大地。"(海德格尔,《艺术作品的本源》)此次,来自中国、英国、德国、意大利、西班牙、瑞典、荷兰、美国、智利、马里、韩国等五大洲的四十多位中外艺术家们带着各自的艺术主张和热情,以精心创作的作品共同演绎展览主题。诗曰:"南有乔木,不可休思。汉有游女,不可求思。"艺术之追求永无止境,学术之执着永无止境,文脉之赓续永无止境。

当我们再度回望"海上丝绸之路"这段引人入胜的历史,从中外文史典籍中披沙沥金,以宏观天下的全镜头,娓娓叙述苏州与世界的相遇、碰撞与互动,囿于史志档案卷帙浩繁,更兼之我们史识与能力有限,"究天人之际,通古今之变"的使命诚属艰难。我们更像是巧匠,超脱时空的桎梏，别具慧心绣出一件精美的苏绣。期待观者会心，去芜存菁，从一鳞半爪的真挚表达中，感到有余不尽。

文化因当下而更具生命力。作为苏州这座具有两千五百余年灿烂历史的文化名城的公共机构，中国最古老的美术馆——苏州美术馆义无反顾用付出、创造、勇敢和坚持，力图让世界认知到苏州历史文化之浩瀚，让我们意识到我们之所以能成为今天的自己，让我们去面对和思考下述问题：如何在波澜壮阔的全球化大潮中葆真自身文化？如何在苏州与世界的交流与碰撞中融合与发展？如何在和而不同的共存中实现协作与共赢？

展览现场 ——————————————— 工作邮件

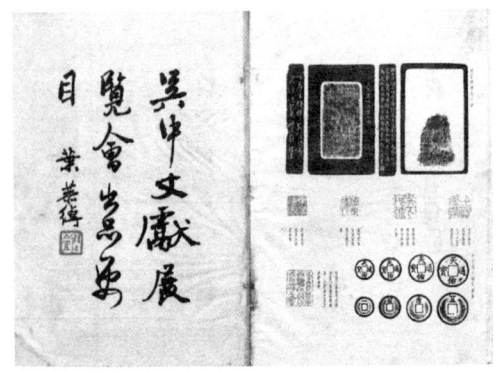

吴中文献展览会出品要目

叶恭绰题

苏州文献展展览现场 ——————————————— 布展花絮

2019年普利兹克建筑奖获奖建筑师矶崎新参展作品布展花絮

"1937年吴中文献展"研究展(第一期)展览现场

苏州历史图像史料展(第一期)展览现场

获奖证书

《多重时间》书影

德国艺术家西门与助手在创作

展览海报

前度桃花今又来

　　桃花坞木版年画是苏州文化宝藏中的独特瑰宝，享有"东方古艺之花"美誉。苏州美术馆藏有清末以来四百余幅古版年画，弥足珍贵。为让桃花坞木版年画"走出深闺"，经两年多艰苦筹备，"苏州桃花坞木版年画特展"入选国家艺术基金资助项目，即将在苏州美术馆展露"芳容"。

　　典藏于法国国家图书馆、日本神户市立博物馆、日本町田市立国际版画美术馆，最为秀雅隽永之雍正、乾隆两朝"姑苏版"归宁，辽宁省博物馆、沈阳故宫博物馆、南京博物院欣然援手馆藏珍品，求之得之见之俱为至珍至难。承蒙上述机构卓越贡献、挚情高谊，烦劳诸多同道之处亦不胜枚举，无法以"谢"字表达了。

　　今天，当我们以全相天下的视角，聚焦镜头观照桃花坞木版年画在明代以降历史、文化、艺术、商业及对外交往之独特地位,桃花坞木版年画就不仅仅是一种"考究日用"之物,更可以转化成艺术史学、广义历史学、人类学、经济学和社会学的宏观视野,"拨开云雾见青天"。一幅幅精美绝伦画面背后引人入胜的真实面目,将由静而动地徐徐展开。许多更富意义的问题值得深入探讨并尝试阐释,比如,桃花坞木版年画的艺术价值有哪些?它在明清以来江南商业及社会生活中所独具的作用是什么?它作为商品是如何流通到海外,并对日本、韩国等地文化艺术产生影响的?

数百年沧海桑田,事物代谢,宛如川上逝水,但文脉百世薪传,岿然独存。黯然回眸,试图从宏观全相的大历史大视野,综合运用文献资料和档案史料,忠实勾勒出桃花坞木版年画在历史长河中的精彩全貌和动人意蕴,确实是我们之宏大心愿。兹事体大,但自身学识、能力有限,更兼驾驭纷繁史料之功力不足,鲁鱼亥豕在所难免。期待精美的桃花坞木版年画所带来的历史文化思考,更期请观者不吝指教。

山塘普济桥 中秋月夜 185×74.5cm 清 乾隆 日本神户市立博物馆

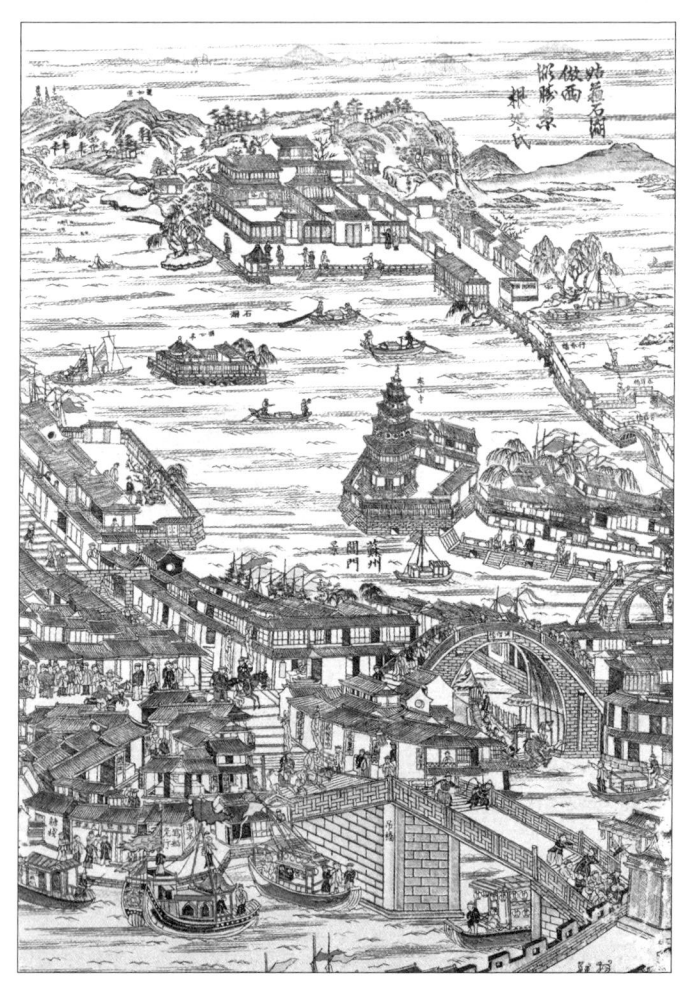

姑苏石湖仿西湖胜景　96×77×3.3cm　清 乾隆　日本神户市立博物馆藏

姑苏万年桥图
185×73cm
清 乾隆
日本神户市立博物馆藏

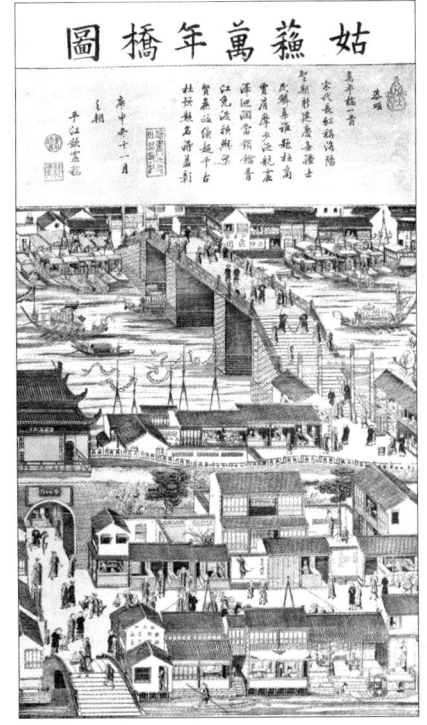

展览现场

玉堂富贵图
111×79.4cm
清 乾隆
法国国家图书馆藏

姑苏阊门图
宝绘轩主人
清雍正十二年（1734）
墨版套色敷彩　108.6X55.9cm
苏州美术馆藏

阊门图里最江南

万商云集在金阊，航海梯山来四方。
栋宇翚飞连甲第，居人稠密类蜂房。
绣阁朱甍杂绮罗，花棚柳市拥笙歌。
高骢画舫频来往，栉比如鳞贸易多。
不异当年宋汴京，吴中名胜冠寰瀛。
金城永固民安堵，物阜时康颂太平。

这首诗摘自苏州美术馆珍藏之清雍正十二年（1734）墨版套色敷彩《姑苏阊门图》上的题跋，配合精美绝伦的画面、秀雅隽永的色彩，以及尺幅超过一米的恢宏气势，栩栩如生地描绘了当时苏州商铺栉比、行人接踵之繁华昌盛景象。"滴水观沧海"，《姑苏阊门图》所传递出的信息是多重的，既可管窥当年苏州和江南的富庶与风华，亦可娓娓读出苏州和江南文化的璀璨与雅致，更可细细品味出苏州和江南人民的开放与交融。

这张《姑苏阊门图》与世人印象中怡红大绿的桃花坞木版年画截然不同，盖因此乃清康熙、雍正、乾隆三朝苏州能工巧匠所制版画的巅峰之作。日本学界称之为"苏州版画"或"姑苏版"，国内则有学者命名为"苏州版"或"阊门姑苏版"。姑且不论其学术名称，亦不论其艺术价值。当我们以全相天下的视角，聚焦镜头观照这幅画所代表的"苏州版画"或"姑苏版"在明清对外贸易及文化传播中的独特地位，这幅画就不仅仅是一种"考究日用"之物，而是可以帮助我们转化成艺术史学、广义历史学、人类学、经济学和社会学的宏观视野。一幅令人叹为观止的画面背后引人入胜的真实面目，也将"拨开云雾见青天"。许多更富意义的问题值得深入探讨并尝试阐释。譬如，"苏州版画"是如何流通到海外，并对日本乃至欧洲的艺术产生影响的？

明清两代，苏州更饶风华，中外具瞻。著名学者李伯重认为："明清苏州的城市是一个以府城为中心，以郊区市镇为外延的特大城市。"史学界研究估算，清代中期的苏州，人口达一百五十万以上，堪称是江南的经济和对外贸易中心。有明代唐寅《阊门即事》诗为证："世间乐土是吴中，中有阊门更擅雄。翠袖三千楼上下，黄金百万水西东。五更市卖何曾绝,四远方言总不同。若使画师描作画,画师应道画难工。"清代康雍乾三朝名臣孙嘉淦在《南游记》中写道:"居货山积,行人流水,列肆招牌,灿若云锦,语其繁华,都门不逮。"

更兼苏州风雅道盛,名家辈出。自唐宋以降,世人便公认苏州乃江南文化风雅之宗。时人有"东南财赋,姑苏最重。东南人士,姑苏最盛"之说。国人最为熟知的吴门画派发轫于此,艺林推崇为蔚然大观之艺术高峰,流风远被。苏州俨然又是当时江南的文化艺术中心,引领风尚。明人张瀚在《松窗梦语》中记道:"至于民间风俗,大都江南侈于江北,而江南之侈尤莫过于三吴……吴制服而华,以为非是弗文也;吴制器而美,以为非是弗珍也……四方重吴服而吴益工于服, 四方贵吴器而吴益工于器。" 苏州更有丝织、玉雕、家具等最为精美之"物",而对这些"物"的喜好,从士绅阶层快速向工商及中上层市民扩散。文徵明曾孙文震亨著有《长物志》,记载了诸多世人趋之若鹜的有趣之"物"。

"苏州版画"或"姑苏版"即是苏州和江南特有的经典之"物"。它来源于雕版印刷,特别是刻印书籍中的版画插图。明万历以后,印刷业在苏州肇兴。阊门外山塘一带集聚了相当规模的书籍刻印坊,大量刻印以小说、戏曲为主的书籍,均配有版画插图。爱新觉罗氏入关登基后,兴文字狱，严厉限制书籍出版，明令禁止小说、戏曲等书籍刻印。为世事所逼，刻印工匠纷纷转行。他们面向人数日益扩大且具一定经济能力的城市中上层市民，刻印大型版画，多见于房屋中堂或对屏之用途。这一时期，欧洲传教士东来，登陆中国，带来先进科学技术，以及欧洲铜版画。优异如郎世宁者(1688-1766)，还选擢为康熙帝的御用画师。西学东传，渐入民间。"苏州版画"工匠充分吸收欧洲铜版画排线法，采用透视及明暗变化表现画面对象，创造出"仿泰西笔法"。加之"苏州版画"通常竖幅超一百厘米、横幅超五十厘米，气象恢宏，色彩及气质倾向文人画，清逸典雅，又镕铸诗书画印合一，达到了光芒万丈的艺术高峰。这一时期在苏州刻印的版画便是最为典型的"苏州版画"或"姑苏版"。

中日两国，一衣带水，比邻而居，交往频繁。十七世纪下半叶到十八世纪上半叶，许多苏州商人和工匠经由东南沿海港口，前往日本长崎侨居。1689年（康熙二十八年），"唐人屋敷"在长崎始建，为这些中国侨民提供居住场所，规模最大时达三千人。彼时日本，实行闭关锁国政策。1614年，政府明令禁止国民信奉基督教。西方技艺包括绘画等被视为洪水猛兽，避之不及。1639年，江户幕府敕令仅限与中国和荷兰贸易，且仅开放长崎供中国和荷兰船只进出。据此时期的日本史料记载，中国商品多从苏州出发,由船只运载沿运河南下,自浙江乍浦运往长崎。《唐船输出入品数量一览1637-1833年》(永积洋子编,创元社,1987年)研究了苏州与长崎间的贸易记录,从中可以发现有关"苏州版画"的珍贵记载。譬如:

1761年1月　乍浦船　版画448张

1764年2月　乍浦船　中国版画60卷

1765年-1775年唐船 版画66803张、177卷、33册、21箱,古版画5张、3卷、1册,各种版画1158张

这些原始记录表明,从苏州出口到日本的版画数量甚巨。除供侨居长崎的清人用于祭祀或装饰外,不能排除这些版画也被用于与当地人之间的物资交换,甚至就是按当地人要求所作的定销画。

浮世绘是江户时代(1603-1867)的日本版画。"浮世"就是尘世的意思,因而浮世绘所表现主题亦以尘世的生活为主。国内学界素有"姑苏版影响浮世绘,进而影响欧洲印象派"的说法。"姑苏版"与浮世绘在技法上确有共通之处。比如,在日本,浮世绘通常所指就是"锦绘",即多色印刷版画;而在中国,则称之为"套版"。又如,"锦绘"代表大师铃木春信擅长用空摺、木肌理效果的手法,这与"姑苏版"的"拱花"技艺颇为一致。又据记载,清雍正九年

（1731），画家沈铨（号南苹）东渡日本，居留长崎传授绘画技法，开创"南苹派"，沾溉甚广，创造出"眼镜绘"的"圆山派"鼻祖圆山应举深受其画风影响。

不少日本学者也持"苏州版画"对浮世绘产生过重大影响的学术观点，相关研究成果颇丰，大致有：成濑不二雄《试论苏州版画》（《大和文华》第58期，1973年）、冈泰正《眼镜绘新考》（《筑摩书房》，1992年）、永田生慈《试论中国木版画技艺与浮世绘的联系》（《苏州版画——中国年画的源流》，1992年）、田中日佐夫《王舍城美术宝物馆所藏"苏州版画"之我见》（日本骎骎堂，1998年）、永滨嘉规《苏州版画与锦绘》（太和纪念美术馆"锦绘与中国版画展"图录，2000年）等。值得一提的是，日本奈良国立博物馆原馆长黑田源次博士（1886-1957）对中国版画与浮世绘关系作过深入研究，曾于1931年在东京举办展览，并出版展览图录。正是黑田源次博士将清康熙、雍正、乾隆时期的桃花坞年画命名为"苏州版画"或"姑苏版"。日本神户市立博物馆塚原晃通过研究该馆所藏日本画师所作《京洛·中国风景图卷 姑苏万年桥图》，认为该画应是模仿和学习"苏州版画"《姑苏万年桥》而创作的；而该馆所藏另一画作《姑苏石湖仿西湖胜景》，很可能也是日本画师修改原"苏州版画"而再创作的。

至于浮世绘与印象派的关系，学林亦多有讨论。浮世绘传入欧洲颇具传奇色彩。十九世纪时,浮世绘是被当作茶叶或瓷器的包装纸运入欧洲的。1812年,喜多川歌麿的浮世绘作品在法国巴黎展出,引起轰动。之后,葛饰北斋的浮世绘作品又吸引了欧洲艺术圈的热烈追捧。1867年,浮世绘在巴黎世博会上集中展出,催生出"Japonaiserie"(对日本抱有极大兴趣)风潮,后又形成"Japonism"(日本风潮)美学。欧洲的艺术大家莫奈、德加、马奈、梵高、高更、毕沙罗、毕加索、马蒂斯等均对浮世绘青睐有加。最为熟知的例子,当属梵高。他不仅临摹过至少三十幅浮世绘,且其作品《开花的梅树》《雨中大桥》的构思和色彩都有浮世绘的痕迹。《唐吉老爹》画面中干脆直接出现风景、游女等各种浮世绘。梵高在与弟弟提奥的通信中还有"诚如你所见,海浪如同魔爪,牢牢地攫住船只,你可以清楚地感受到"的叙述。1887年,梵高画出《海浪图》,1889年,他又画出《星夜》。从这两张代表作中,都可以辨别出葛饰北斋的浮世绘不朽名作《神奈川冲浪里》的味道。

同样也有不少"苏州版画"用作当时的外销画,随同外销瓷或茶叶传入欧洲。高雄大学创意设计及建筑系客座教授徐文琴曾发表《欧洲皇宫、城堡、庄园所见十八世纪苏州版画及其意义探讨》,详细记述了在欧洲皇宫、城堡及庄园被当作壁饰或壁纸使用、收藏的"苏州版画"。学者高福民著有《康乾盛世苏州版》,将"苏州版"分为宫廷版、文人版、西风版（即姑苏版）、民间版做了专题研究，对"苏州版画"流入日本和欧洲情况作了探讨。据我了解，除日本公立博物馆、美术馆及民间收藏有三百余张"苏州版画"外，大英博物馆藏有德国人卡姆培夫尔于1693年在日本购得的旧藏；法国国家图书馆、德国德累斯顿国家艺术馆、欧洲木版基金会等也都有一定数量的"苏州版画"收藏。

"一粒粟中藏世界"，"苏州版画"、浮世绘和印象派之间似有着密切的联系，却又是扑朔迷离。从逻辑推理上看，A→B，而B→C，似乎可以得出A→C的结论。三者之间的相关学术研究，也是从图像学维度展开的居多。陈寅恪先生在《陈垣敦煌劫余录序》中写道："一时代之学术，必有其新材料与新问题。取用此材料，以研求问题，则为此时代学术之新潮流。治学之士，得预于此潮流者，谓之预流（借用佛教初果之名）。其未得预者，谓之未入流。此古今学术史之通义，非彼闭门造车之徒，所能同喻者也。"可资研究考证的相关材料散落在中外各地，兼又残缺不全，或又湮没在浩如烟海的文献资料之中。欲窥知"苏州版画"、浮世绘和印象派之间的光风霁月，"实锤"三者间的实质关系，必先通文史，贯中西，而后"上穷碧落下黄泉"，不遗余力发掘、考订、诠释和分析厚实多维的新材料，重新发现一段段引人入胜的真实发生的故事，重新勾勒出"苏州版画"在历史长河中的精彩全貌和动人意蕴。再变换思路和方法，综合运用历史学、社会学、经济学、统计学、训诂学和美学等方法，营建"苏州版画"、浮世绘和印象派相关联系的原创性研究体系，不断阐发、不断激荡，或会有所突破和建树。更多的文献史料尚有待发现，更多的谜底还有待揭晓，更多的努力仍有赖各界付出。这是深种我心的大愿，相信也是许多同道的深衷。

桃花坞木版年画是苏州和江南文化宝藏中的独特瑰宝，亦是国家级非物质文化遗产。自2014年以来，苏州美术馆和苏州桃花坞木版年画博物馆殚精竭虑，不遗余力开展学术研究、收藏、展览及公共教育等诸多工作。目前，两馆藏有康乾嘉时期"姑苏版"九件、二套。其中，《姑苏阊门图》与日本王舍城美术宝物馆所藏为同一版"苏州版画"；清康熙年间永和号的墨版套色敷彩《秋冬美境图》，也是尺幅超过一米的珍品；另有一套清康熙版，焦秉贞画，朱圭、梅裕凤刻的内府刻敷彩本《御制耕织图》（44页）及一套同时期的线版，异常精美；其他七件均为乾嘉年间的美人童子主题"姑苏版"。此外，两馆还藏有阿英生前收集近二百张晚清时期桃花坞木版年画，以及苏州图书馆古籍部调拨的二百余张晚清时期桃花坞木版年画。

为让桃花坞木版年画"走出深闺"，历经千辛万苦，苏州美术馆和苏州桃花坞木版年画博物馆于2016年末主办

"姑苏繁华录——苏州桃花坞木版年画特展",展出典藏于法国国家图书馆、日本神户市立博物馆、日本町田市立国际版画美术馆、辽宁省博物馆等最为秀雅隽永之雍正、乾隆两朝"姑苏版"十三张,求之得之见之俱为至珍至难。该展览入选国家艺术基金传播交流推广资助项目,相关图录荣膺"中国最美的书"、纽约字体指导俱乐部"第64届国际设计竞赛全场大奖"、美国设计协会"全球年度出版物设计大奖"、东京字体指导俱乐部"2018年度大奖"等。同年,在西班牙马德里中国文化中心举办"姑苏印记·苏州桃花坞木版年画展",引起欧洲观众和媒体的热烈关注。2019年春节,苏州美术馆主办"说'年'观'画'——己亥年春节'南桃北柳'古版年画展",呈现清康乾时期至近现代苏州桃花坞年画和天津杨柳青年画七十一件。2020年春节,苏州美术馆继续主办"庚子年新春潍坊杨家埠苏州桃花坞年画联展",展出清康乾时期至近现代苏州桃花坞年画和潍坊杨家埠年画九十件,以"过年"为脉络,让年画重回市民生活。

遥想当年,唐寅寓居在桃花坞,仇英早年尝在桃花坞以漆工为生,文征明居住在文衙弄"药圃",祝枝山则家住三茅观弄。这四处地方离苏州美术馆,不过十分钟路程,这实在是一种奇妙的缘分。"苏州版画"源起苏州,传至日本,又舶至西方,体现着苏州和江南的醇美意韵,建构起东西方文化的链接,让彼此传递文明的讯息,让深美的祈愿穿越广袤的陆地和海洋,让雅歌声骀荡在春的天空。一人之画,可见一人之心。"苏州版画"实为一时代之画,足可见一时代之心。它不仅是画,不仅是技艺,不仅是一种文化形态,更是印记,是文心,是召唤,亦足可以凝固时光,照亮生命,成续永恒。

《姑苏繁华录》书影

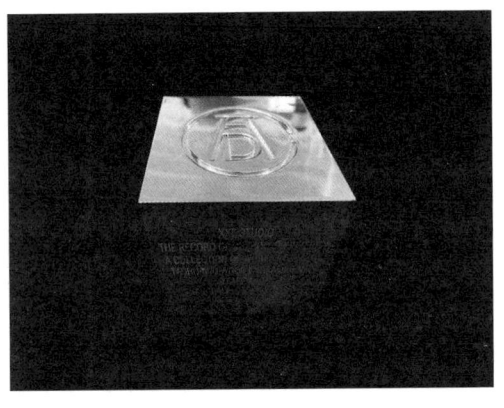

《姑苏繁华录》获美国 TDC 全场大奖

《姑苏繁华录》获美国 ADC 铜奖

展览现场

展览海报

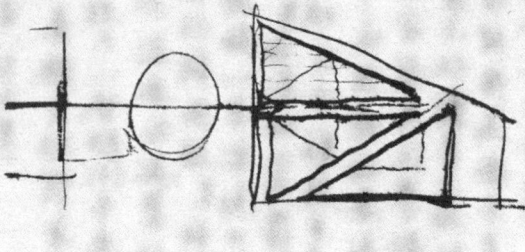

贝聿铭文献展
I. M. Pei Documents

主办单位 Organizers
苏州美术馆 Suzhou Art Museum
苏州市名人馆 Suzhou Hall of Fame

公众开放 Exhibition Dates
2017.3.26–5.3

展览地点 Venue
苏州美术馆 Suzhou Art Museum

还乡

"回首江南春更好,梦为蝴蝶亦还家。"

我有幸在2001年至2006年间多次近距离接触贝聿铭先生,先生风范,高山仰止。一个时代总有一个时代的大师。先生气质翩翩、思想宏博、眼光超越、功业煊赫,更是华人在海外百年难遇之巨擘,每每念及,令人心驰神往。

"那让我们安居的诗的创造,就是一种建筑。"(海德格尔)先生对每一件设计可谓匠心独具,必按当地的环境、文化、习俗及具体条件,构思出独一无二之建筑设计经典个案。《文心雕龙》有云:"随物婉转""与心徘徊"。先生之设计已臻"有我之境"与"无我之境"矣。肯尼迪图书馆、美国国家美术馆东馆、法国卢浮宫金字塔、香港中银大厦、美秀博物馆、苏州博物馆等颗颗明珠,均是不可复制之杰作。更可贵的是,先生之匠心是建立在对中国传统建筑精华不断继承、又不断发扬的基础之上。加之苏州文化之雅又是沉浸在先生血液里面。匠心入雅、匠心如韵、匠心天成,蔚为大观。

百载悠悠、江河长逝,但先生留下之建筑杰作、带来之华彩篇篇,日久弥新、余韵萦回。先生久居海外,常常被人问及家乡,先生总是自豪答曰:我是苏州人啊。在苏州美术馆举办"贝聿铭文献展"之绵薄心愿,就是期盼观众特别是青少年观展如晤先生,如手掬薪火之光热,暖在手心,传热后人。

请赐我们以双翼,让我们满怀赤诚,
返回故园。
　　　　　　　　　　　——荷尔德林

展览现场

展览现场

展览现场

展览现场

展览现场

苏州博物馆新馆
大厅效果图

家在江南春归处

贝聿铭先生遽归道山的消息来得突然。先前晓得先生健康状况大不如前,记忆衰退尤为明显,还有几次乌龙消息。记得那天礼拜五,正在上班途中,我接到《新民晚报》吴老师电话,告知先生溘逝。报纸急于发稿,托我讲些先生逸事。匆忙中,我回忆了几桩早些年我亲历的与先生有关的小事。《新民晚报》动作着实快,中午便发出《我曾为他做过翻译》的稿子。这下子给尚无头绪的全国媒体提了醒。一下涌来许多媒体,听说还有不少记者到处打探我的联系方式。

龚定庵有诗云:"我有箫心吹不得,落花风里别江南。"于我而言,甚是为难。实在无意让外界留下我急吼吼蹭热点搏出名的印象,却又难以拒绝熟识的媒体朋友。踌躇再三,心中拟了个章程。对已找上门的相熟记者朋友,如《文汇报》

《解放日报》、新华社等,谈些我个人亲见或亲历的往事,不涉他人他事。对其他媒体,则只能一概温言婉谢,真是告罪了。

机缘凑泊,多年前,我有幸与先生诸多近距离接触,受益终生。《书·秦誓》曰:"昧昧我思之。"回首那时岁月,宛如一首抒情长诗,萦绕不去,思之泫然。初见先生是2001年春节。由于英文专业出身,领导选派我专责与贝氏建筑事务所(实为先生二公子建中与三公子礼中开设,其时先生早已退休经年)联络。作为苏州市政府代表团翻译,跟随领导们,经东京转机后抵达纽约。当晚,为替国家节省外汇,我与两位领导挤在一个房间,睡的还是加床。可能既兴奋又紧张,几乎一夜未眠。

第二天上午,在贝氏建筑事务所,见到了仰慕已久的先生。第一次见面,先生即掌控全场,关注到每一个人,让所有人有如沐春风之感。次日再见面时,先生已能叫出我的名字,且按国内习惯,称呼我为"小曹"。多年以后,我再度远赴美国,在马里兰大学帕克分校攻读MPA。偶然在《领导力》课程上听业师讲到,所有伟大的历史人物都会有某种吸引人的特质。我方恍然大悟,先生就具有这类魅力,即是英文单词"charisma"。直到今天,当日会谈后所拍摄的合影,仍挂于我办公室墙上。照片里有多位关心帮助我的领导,更有笑语盈盈的先生。

"看尽鹅黄嫩绿，都是江南旧相识"。虽久居海外，终其一生，先生骨子里仍是个地地道道的苏州人。当年代表团禀见先生，所带礼物不过是评弹和昆曲DVD。生怕美国产机器读不出碟，还贴心附上国产DVD机。次年赴美，改为专程带上两斤鸡头米，特意装在保温桶里，由时任苏州博物馆副馆长的钱公麟先生随身携带。一路小心翼翼过了美国海关，大家方才舒了口气。先生对这些道地的苏州礼物，甚是喜爱，如同领到了糖果的小孩般，喜气洋洋。先生尤其爱听我们讲讲苏州话，然后先生用上海话作答，间或冒出一句苏州话。先生为表谢意，特地安排在他最钟意的一家华人餐馆用晚餐。先生特地说明，餐馆乃是苏州松鹤楼一位老师傅早年渡海定居而创立，后传给其子经营。平心而论，那晚所品尝之菜肴，不过为苏州本地一普通饭店之水准。先生却多年乐此不疲。梦里依稀是故园。窃以为，先生所挂念的不是苏帮佳肴，而是那份挥之不去的浓浓乡愁。

先生盛名籍籍，蔚为一代宗师，声光炜然，不遑多言。先生毕生莫不以镕铸中西文化而孜孜不辍。譬如，日本美秀博物馆之建筑设计，灵感源自东晋陶渊明《桃花源记》创构之意境："林尽水源，便得一山，山有小口，仿佛若有光。便舍船，从口入。初极狭，才通人。复行数十步，豁然开朗。土地平旷，屋舍俨然，有良田美池桑竹之属。"

先生独创覃思，所建构之建筑及环境仿佛当代版"桃花源"再现，完全令日本东家倾倒。又如，2001年末二度赴美拜见先生时，先生既和盘托出苏州博物馆新馆概念设计方案，又亮出观点："苏州博物馆的北侧紧临拙政园，东侧是忠王府，南边是狮子林。在这个地方，可以做些新的东西出来。可是新是要新，但同时不能破坏环境。这个建筑最好与苏州古城内融进去，不觉得好像完全是新的。它应当有根。这也是现代主义与我的思想不同之处。"期间闲聊时，先生还提到当年在国内尚鲜为人知的艺术家蔡国强。先生郑重提议，未来的苏州博物馆新馆应当有国际水准的当代艺术展览。2006年中秋，苏州博物馆新馆开馆之际，便由先生亲自选定的赵无极、蔡国强和徐冰联袂展出代表作品。正如萨义德在《东方学》中所写："不同的文化与文明是彼此相关的、相互依存的。"中韵西风，萃于先生一身，完美融合，独饶复异，风靡宇内。

一座经典建筑不仅是美的创造，更是一个心灵的境界。毋庸置疑，先生确是卓绝天才，但依然是奋发踔厉。着手设计苏州博物馆新馆那年，先生已八十四岁，仍不遗余力，许多事情皆亲力亲为。每当有新的想法，哪怕半夜里先生都要爬起来再做构思。先生曾花整整三天时间，在苏州博物馆库房逐件看完所有重要藏品。随后，先生亲自担纲展陈设计，为每件展品量身定制展厅布局，甚至搭建了一个

1∶1大小的实体展厅模型。大到每个展厅的陈设和名称,小到展柜材质和颜色,先生皆一丝不苟,反复斟酌。先生曾言:"设计苏州博物馆给我一个将我的记忆自然流露出来的机会……我认为这是一趟回家的旅程。"时隔多年,重新聆听先生这段话语,"此中有真意,欲辨已忘言"。

除却建筑技巧,先生之魅力、高识、真情流播人间,尤为世人所称道。记得先生尝在纽约宴请苏州代表团用法国餐,邻桌有两位外国女士。待用餐完毕,大家起身欲离开时,其中一位女士携红酒一瓶,跑过来对先生讲,她们是法国来的游客,遇见先生真是开心,感谢先生为巴黎设计了卢浮宫前的玻璃金字塔。红酒是家乡带来的,权赠予先生聊表心意。2002年4月末,为现场踏勘苏州博物馆新馆址,先生再次来苏,在拙政园巧遇一支法国旅行团,我恰随侍在旁。法国游客们看到先生,惊讶之余,激动地大声打招呼。有位法国朋友大声说,"这是你的故乡哦!"先生面露喜色,马上回以一个标准的贝式微笑。

塞尚说过:绘画里面有两件重要的事,一个是视觉,一个是心灵。画家用画来表达,建筑师用建筑来对话。禅家语:"青青翠竹总是法身,郁郁黄花无非般若。"先生早臻"即透两端心"、体认"会心处"之化境,可谓宇宙在乎手也。细细品味每一件先生设计之建筑作品,皆能感受到先生内在世界的颤动,吟咏西方诗意,抒写东方意蕴。

记得自项目商谈始,直至新馆落成,有一支美国独立制片团队(制片人名为尤金)追随先生整整六年。这亦成为我六年里一项日常工作。当时惛懵,独自负责联络、安排拍摄团队行程,我忙得昏天黑地。只知收发邮件、不停打电话、陪同拍摄等琐事,全然不明就里。待片子制作完毕,在美国PBS播放,名为《I. M. Pei Building China Modern》,足以令十方同感,传诵众口,深受世界各地观众赞誉。国内中央电视台曾引进版权,精编成纪录片《贝聿铭与一座古城》,有爱好者可一睹为快。

"人去也,春何处?春去也,人何处?"先生远行,恐是追寻最终极的美而去。邂逅先生,时有体悟,濬发智慧,爽豁心目。缅思先生,贫瘠的语汇束缚了我的文字和话语,苦于不能毕宣于楮墨。《文心雕龙》曰:"今之常言,有文有笔,以为无韵者笔也,有韵者文也。"言有尽而意无穷。斯篇之作,爰就所忆所知所感而录撰,遥挹芬馨,以志不忘。

苏州博物馆新馆设计图

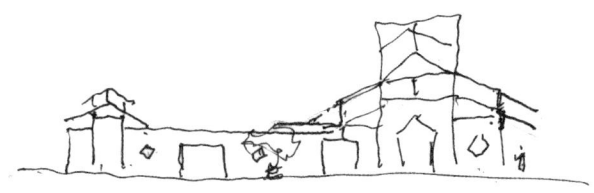

苏州博物馆新馆概念草图 （贝聿铭先生手稿）

展览海报

苏州美术馆建馆九十周年大展
90th Anniversary Exhibition of Suzhou Art Museum

颜文樑文献展

沧浪濯缨

我的理想支撑着我，

乘一叶小舟，迎着落日的余晖，

沐浴着西方的星辰，前进，直至我生命的终结。

——《尤利西斯》

先贤已逝，萦怀德范。追思颜文樑先生的文章，这几年来，我陆陆续续写过数篇，或为展览前言，或为馆刊前序。写成发表之后，再也不敢翻看，心中羞愧万分，总觉自己的笔力和文字力不从心，不能著述颜先生风徽之万一。

余生也晚，因缘际会，供职于苏州美术馆，愧任馆长之职。众所周知，颜先生于1927年在姑苏城南宋代名园沧浪亭亲手创立苏州美术馆，迄今已整整九十年了。常有友人笑称我是苏州美术馆第四任馆长。虽是玩笑，亦是事实。

每每念及，深感责任重如泰山。颜文樑先生道德艺术俱佳，又兼长寿，九十五岁归道山。兹事体大，缅怀颜先生成就和风范，乃我义不容辞之职责，亦是我早有之心愿。

近年来，苏州美术馆先后策划举办"沧浪之水——苏州美术馆馆藏颜文樑作品特展""碰撞与交融——苏州美术馆馆藏二十世纪早期留洋艺术家作品展"等，系统呈现颜先生的艺术创作实践；整体修缮苏州美专"罗马大楼"，再现美专的原貌；推出苏州美术馆馆刊《艺浪》，辑录理解、阐释和弘扬颜先生宏大精神的每一点努力；创办"江南如画——中国油画作品展"，鼓励推动当代油画家沿着颜先生足迹，探求油画本土化的道路。以上种种，惨淡经营，积累不少经验及教训。自去年始，组织人力在国内各大公立美术馆、图书馆、档案馆搜罗颜先生相关的文献资料，勠力在苏州美术馆推出"苏州美术馆建馆九十周年——颜文樑文献展"，兹以纪念颜先生伟业与风范，表达晚学由衷钦佩与景仰。

颜先生自比园丁，悉心培育后起英秀。上溯到1922年，颜先生始创苏州美专。1927年，学校全部迁至沧浪亭。颜先生倡导"纯粹美术与实用并重"，加速西学东渐，亦为当时国内美术教育带来新机运和生气。据苏州美专校刊记载，当时美专设有国画、西画、艺教、实用美术等四系，后增设动画科。社会各界群策群力，鼎力推进。校舍兴建有古罗马式大楼,与沧浪亭之"静吟亭"若接若离,巍然矗立,别具风格。张一麐、吴子深等乡贤名流担任校董,蒋吟秋、范烟桥等博学硕德之士施教于兹,编制由专科而添为高中师范科,学生计有数百人。学校气象蓬勃,欣欣向荣,发展成为当时国内最具代表性的美术专科学校之一。

校为沧浪,虽在城市,却有园林,更有荷风流水之趣。据黄觉寺先生回忆,当时美专学生在沧浪亭内藕花水榭练习人体绘画,在五百名贤祠学习国画,在明道堂练习木炭画,在瑶华境界、见心书屋、面水轩攻读理论,在看山楼练习音乐,在清香馆查阅图书。古罗马式大楼内又是另一番景象。一楼为石膏室和参考室,二楼为西洋画室和中国画室,地下设有工艺室和阅书室,其余为男生宿舍。女生更绝,竟居住于沧浪亭内妙香室。学生在这样清静而优美的境地下学习生活,是何等的幸事啊!可谓"松风流水天然调,抱得琴来不用弹"。

颜先生苦心维艰,至诚至笃。他带头不领薪酬,更将在别校兼课之所得悉数投入办学之用。最困难时,他甚至自充校工。1928年,颜先生远赴欧洲留学并考察艺术教育,以资借镜。他节衣缩食,殚精竭虑,亲手采购运寄名家雕刻的希腊、罗马和文艺复兴时期石膏像复本四百七十余件。他常常将购得的石膏像安置于租住的小屋内,这也令他几无容身之空间。这批石膏像中,最小的如专供教学用人体解剖模型，以及马体和各种马体动作及解剖，最大的如美第奇题材，计有《掷铁饼者》《阿波罗》《大卫》《拔刺的男孩》《抱鹅的少年》《维纳斯》等，以及古希腊瓶和各种浮雕，冠绝当时国内诸学校。更令人嘘唏的是，颜先生为减轻美专负担，多方奔走、请托交涉，设法降低了这批石膏像的海关捐税。

颜先生开办美术馆，提倡美育，陶冶民众。1927年，苏州美术馆筹设于沧浪亭苏州美专，推美专教授黄觉寺先生为筹办主任，后任馆长。初创时，美术馆陈列古今名画，方便美专学生浏览观摩。之后美术馆在沧浪亭发起美术展览会乃至音乐会，又举办艺术家联欢大会，蒸蒸日上，社会各界为之注目。

早在1919年，颜先生发起苏州美术画赛会，引导社会审美，增进艺术进步。画赛会以"提倡美术、互相策励、仅资浏览、不加评判"为宗旨，自苏州美术馆设立后，常在美术馆举行。每定于元旦开幕，会期为两星期，每日观众可达五百余人。据记载，团体参加者，有北大书法研究会、东大飞飞书会、中大及苏州各中等学校等；个人参加者，中国画有吴昌硕、吴子深、顾鹤逸、顾公柔、顾公雄、陶冷月等；西洋画有朱士杰、胡粹中、张光宇、张紫兴、陈少川等；书法金石有张一麐、蒋吟秋、陈子彝等。1920年，颜先生组织苏州美术会，旨在表现作品、增加研究、交换学术。1921年起假怡园为会址，加入会员有七十余人，盛时会员扩充至三百余人。美术会分绘画、雕刻、音乐、诗歌、刺绣、演讲六部，每月开会一次。

颜先生学贯中西，艺高德隆，蜚声中外，高山仰止。先生早年聪颖，从其父颜元学中国画，曾临摹胡三桥扇面画稿《钟馗》，得吴昌硕先生赞许并题字。十八岁时，颜先生考入商务印书馆，得西欧油画印刷品，如获至宝，始尝试油画。其时油画材料奇缺，颜先生摸索试验，自制油画笔、油画布、调色油及油画颜料。他还自学透视、色彩等油画理论及技法，涉猎水彩画、粉画、油画等诸画种。"一切艺术本质上都是诗。"（海德格尔）颜先生的《厨房》《岳父》等早期作品（现为苏州美术馆所藏），追求写实，已臻诗境。见其画，徐悲鸿先生赞先生为"中国的梅索尼埃"，力主先生赴法国巴黎求学。1928年，颜先生抵巴黎，投入巴黎国立高等美术学院罗朗斯教授门下，专攻素描和油画风景，成绩昭然。1929年，颜先生作品《厨房》《画室》《苏州瑞光塔》入选巴黎春季沙龙展，粉画《厨房》获荣誉奖，实为难得。更令人称道的是，颜先生愈到晚年，创作激情愈浓。尤其在色彩上，颜先生探求一生，善用色彩中的对比与色阶层次的变化。颜先生晚年作品往往色彩丰富新鲜，明朗绚丽，可窥见先生乐观、恬淡之性情。

文化是一座城市的灵魂，美术馆则是一座城市文化实力的标志，在熔铸城市文化品格、促进城市文化自觉、增强城市文化自信方面起着至关重要的作用。苏州美术馆秉承初心，牢牢把握"公益性"和"为大众开放"的"公器"职能，高度重视展览的品质与方式、展示的空间、动线以及展览运用的艺术语言，强化管理和传播，让服务更有力度、更有厚度、更有温度，让更多的市民走进美术馆，获取新知，欣赏美，在潜移默化中提升美学素养。

每怀颜先生德范，辄深神往。颜先生对苏州文化事业所作之特殊贡献，是永远不该忘怀的。未来的九十年，正在开始。未来的奋进，更需我们保持恬愉的胸襟，鼓起坚毅的意志，坚守奋斗的精神，光明磊落地磨砺发奋，则颜先生之宏大心愿"山明水秀之苏州，成为世界美术之中心"，希望无穷。

辑录苏州美专校歌以咏之：

卓哉我校树中华　广厦庇才众
孕育中西集诸艺　学业务专攻
君看沧浪之水清　流无穷

《艺浪》第二卷 第一期 1934年出版 —— 书影 —— 颜文樑纪念馆

亲爱的洛柳田先生：

　　见信如晤，甚为悬念。昨天收到您的来信后，我以最快的速度先拆了简信，我想，在很长一段时间里，我的心与您是紧紧在一起的。今天上午，我推掉了所有的公务安排，专心致志给您写一封挚友之间的信件。

　　虽您只访问苏州两次，但我们之间的交往是愉快而坦诚的。从与您的交谈交往中，我学到了许多孝学的道理、做事的规范、为人的风范。可以毫不夸张的认为，您既是我一位极为尊敬的长者，又是我一位亲切而幽默的好友。每次与您一起用餐或闲聊，总觉时间太短，共同的话题太多，总有意犹未尽之感。

　　特别是我那重邀请您担纲《颜文樑文献展》策展人后，尚未从法律上签约，但我深深感到您是最合适而胜任的策展人，这个展览将会取得巨大的成功。您不顾高龄，专程来华，搜集资料，与我瘟谈，又在我馆库房研究藏品。繁忙之余，还主动搜下展览之扇隆设计、讲座及出版事宜，并对我馆之国际化建设，提出了许多真知的见，令我更为敬佩，请接受我深深的感谢和敬意！

　　"我寄愁心与明月，随风直到夜郎西。"（李白《闻王昌龄左迁龙标遥有此寄》）收到您的来信，我的心是非常难过的。病来如山倒，病去如抽丝。化疗两期长且痛苦，非常希望能有机会前来看望您。我坚信，您的乐观和上天的眷顾一定会帮助您战胜癌细胞，恢复健康，重新与我共同策划更为出色的展览。我为您每天虔诚祝福！

　　江南无所有，聊赠一片心。尊恙情况，烦时时见告，恳请告知您的家庭地址，寄上薄物若干，尚望收纳为幸。

敬颂早日康复！

　　　　　　　　　　　　　　　　　　　　　　　　　　　　　　　　　　　　曹俊

注：展览原拟邀请有三意特基金会总裁洛柳田先生为外方策展人。不幸的是，洛柳田先生回国后不久即被查出癌症晚期。

Dear Lopez,

I am so concerned with you that the sight of your letter makes me feel as if I meet you in person. After receiving your letter yesterday, I sent a message in reply in the shortest possible time. I believe that, my heart is closely with you for a long period of time. Therefore, I declined all official activities this morning and devoted myself heart and soul to writing a letter to you, a great friend of mine.

You have visited Suzhou only twice, but our exchanges are truly pleasant and frank. I have learnt lots of sterling qualities from you such as the way to learn, the principles to act as well as good manners during my interaction with you. You are deemed to be both an extremely venerable elder and a kind and humorous friend for me, without any exaggeration. I always feel that each and every meal and conversation with you is so short in time that we don't have enough time to give full expression to our views on the numerous topics of common interest.

Although we have not signed legal agreement after inviting you to act as curator for Yan Wenliang Documents Exhibition, I am deeply convinced that you are the most suitable and qualified curator and the exhibition will be a full success. In spite of your ripe old age, you paid a special visit to China to collect materials, exchange views with me and study the collection in my museum. Moreover, you took time from your busy schedule to work for exhibition design, lecture and publishing on your own initiative and share your insights into how to make my museum more international. All these only inspires in me more respect for you, so please accept my deep gratitude and tribute.

Li Bai, a renowned Tang Dynasty poet, once wrote, "I place my feelings on the moon and expect the moonlight could convey it to you", as I quote. I felt extraordinarily sad after hearing from you. Agues come on horseback , but go away on foot. Chemotherapy is long in time and painful in body, and I sincerely hope to have the opportunity to visit you. It is my firm belief that, the optimism from inside you and the God's favor will surely help you overcome cancer cells and recuperate, and finally join hands with us to curate even greater exhibitions. For you I pray piously every day.

South of the Yangtze River not all, chats present as a gift a regard. I would like to ask you to do me a favor by timely informing me of your health situation. I would also like to entreat you to give me your family address for the delivery of my gifts whose acceptance represents a great fortune for me.

Wish you early recovery with all sincerity.

Cao Jun

工作邮件

展览现场 ——————————————————— 展览现场

展览海报

其人如玉

皎皎白驹,在彼空谷。生刍一束,其人如玉。

——《诗·小雅·白驹》

吴作人先生是苏州人亲切的同乡。先生生前心系家乡,捐赠家乡百余件书画力作,委由戴念慈先生主持设计吴作人艺术馆。苏州市委、市政府斥资于上世纪九十年代修建之,后又于2015年拨专款全面整修升级之。先生又是苏州人景仰的艺术大师。先生留给家乡人的书画精品在焕然一新的吴作人艺术馆常年展出,供家乡人观摩欣赏,爱不忍释,这是造福苏州人的幸事。每每念及先生,有功前贤,无任钦佩,永记弗忘!

梳理先生文献资料进而心无旁骛、研究不辍,应是吴作人艺术馆立馆之本。上世纪五十年代初,先生携夫人萧淑芳女士深入佛子岭水库建设工地一月有余，饱含深情创作一批油画、水彩作品以及速写，陶冶熔铸，境宇恢弘，堪为现实主义题材创作之经典。此次展览以二十四件先生画作、十件萧淑芳女士作品、二十余件相关文献，以及大量的图片资料，力图重新构建先生创作油画《佛子岭水库》之卓绝过程。

梵高曾语："一人绝不可以让自己心灵里的火熄灭掉，而要让它始终不断地燃烧。一个劳动者的形象，一条耕地上的犁沟，一片沙滩，广阔的海洋与天空，都是美的。终生从事于表现隐藏在它们之中的诗意，确实是值得的。"从一件件展品和史料当中，可体会到先生写佛子岭山水之胜，自然流露，毫无火气，有镌镂之妙。先生既以"有厚入无间"，作画覃思独运、用心用力；先生又以"以无厚入有间"，运笔着墨游刃有余，造型布局能夺天工，已达自然浑化之境。

苏州是一座优秀传统文化底蕴和气息最为深厚的典范之城。挖掘和诠释苏州的文化历史内涵，赓续苏州文脉，并赋予国际性和学术性兼备的生命力，乃晚学义不容辞之职责。先生之成就卷帙浩繁，卒业未易。晚生对先生之研究涉猎殊少，深愧！大雪凝寒，涂鸦数纸乞正，读者有以教我乎，何胜欣盼！

吴作人 大江（南京）
木板油画
17.5cm×27cm 1936年

《但替河山添色彩》书影

展览现场

展览现场

展览海报

一蓑烟雨任平生

景行维贤,瞻前励后。苏州历代名士辈出,灿若星辰。拄危定倾而无负于家国如张一麐先生,乃具"奇节伟行"之名贤,慷慨趋义、大节凛然,不可湮没。

张公名一麐(1868-1943),字仲仁,号公绂,别署民佣、大圜居士、红梅阁主,江苏吴县(今苏州)人。清光绪十一年(1885)举人;清光绪二十九年(1903),仲老卷列经济特科第一,终中式第二名以知县补用,入北洋幕府。民国之初,仲老历任总统府政事堂机要局局长、内阁教育总长等职,位居要津。1916年,仲老不满袁氏称帝而辞官归乡。里居乡里,仲老热心苏州文化教育等公共事业,安地方、利民生,高山仰照。民间尊仲老之贤达硕德,誉之为"影子市长"。

《左传·襄公二十四年》曰:"太上有立德,其次有立功,其次有立言,虽久不废,此之谓不朽。"这是中国古代士人孜孜以求之最高理想。

谈到"立德",仲老刚正渊默,大德敦化,素有一士谔谔之风。仲老屡屡谏阻洪宪帝制闹剧,北洋军人举枪威胁之,夜间投弹私邸恐吓之,仲老屹然处之,挂印归去,退隐林泉。"八一三"淞沪抗战爆发,仲老振臂高呼,救伤兵助难民,开设医院二十四所,救治伤兵达五六万,收容难民十余万。日寇侵占苏州,仲老易僧服隐居穹隆寺,在民众掩护下从容间道至香港。仲老忠国贞固之气、浩然不屈之节、举重若轻之度,令人神往。

关于"立功",仲老奔走乡邦建设,造福桑梓,乐此不疲。仲老鼎力支持文化教育事业,担任苏州美专、东吴大学、振华女校等校董,悉心指导各级学校建设。仲老倡导营建集图书馆、文物陈列室、亭池花木和休憩设施为一体的苏州大公园,其中喷水池延请颜文樑先生设计。后于1927年落成开放,全城雀跃。仲老致力赓续文脉,重振文化自信,以期"救亡图存"。仲老倡导"吴中文献展"并为之题写展名。展览于1937年"七七事变"前问世,集苏州公立和私立收藏之大成,向公众展出文物书画典籍六千余件,盛况空前。这既彰显了苏州历史文化之璀璨夺目,亦远远早于始创于1955年的德国卡塞尔文献展,在世界文化史上留下独一无二之绚烂印记。仲老创设吴中保墓会,保护地方文化遗迹免受兵祸及盗掘。仲老重视方志编修，亲任《吴县志》总纂并为之作序。仲老重组红十字会吴县分会，组织捐赈灾害，救灾民于危难之间。

至于"立言"，仲老一生治学孜孜不倦，博古通今，自成体系。著有《心太平室诗文钞》《现代兵事集》《古红梅阁别集》等，其中多半为忧国忧民、闪耀着中华文化独一无二的智慧、气度、神韵之佳篇，体大精深，至为可佩。

岁月不居，德劭永存。恰逢仲老一百五十周年诞辰，蒙仲老嫡孙万安先生不弃，委托我馆主办仲老文献展，惠赠仲老所用之珍贵物品用于展陈，感激至深！自去年始，兢兢业业搜集整理相关文献资料，夜以继日，付出种种努力，小心翼翼重构仲老的斐然功绩。仲老之风，山高水长。虽只能在零散的文字和稀少的相片中，窥见仲老言谈神貌，却总有历历如新、泱泱隽永之感。梳理史料、筹备展览过程中，亦沐浴仲老光辉，更增添文化自信和自豪。余生虽晚，对仲老的崇敬弥深，"吴中耆宿——张一麐文献展"终在苏州美术馆开幕，配套书籍也已付梓，好似我也入读紫阳书院，考了优评，甘之如饴。

"竹杖芒鞋轻胜马，谁怕？一蓑烟雨任平生。"先贤如仲老者，言行风范足为后世法，昭垂不朽。囿于学识肤浅，更兼我笔力局限，难免篇幅长短不一、记录巨细靡遗、文字艰涩鲁钝、叙述一鳞半爪，不足以反映仲老伟业事功之全貌，殊自愧也。追思先贤，弦歌相续。惟有尽心尽力、精益求精，堪以告慰。敬祈各界朋友鉴察，幸甚！

《吴中耆宿》书影

篆书阴符经
张一麐
84×155cm 1931

展览现场

展览海报

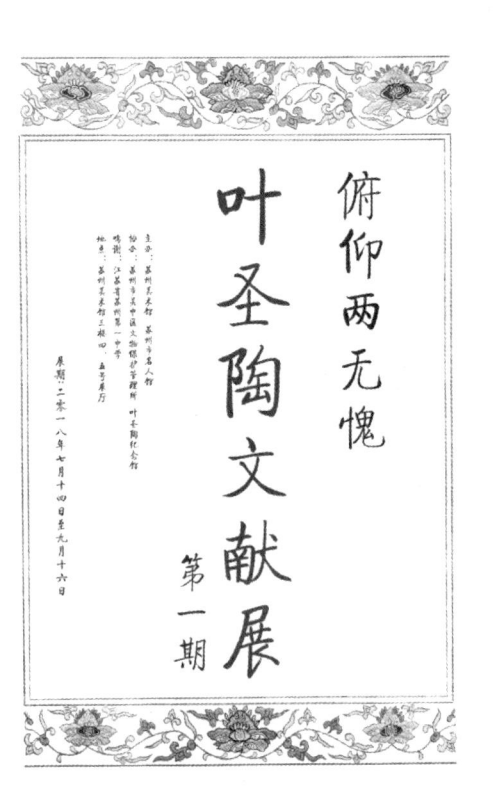

自得乾坤造化心

叶圣陶先生（1894-1988）是值得后人永远尊崇和怀念的先哲。他是著名的文学家、教育家、编辑出版家和社会活动家，也是新中国中小学教材建设的奠基人和开拓者，更是地道的苏州人。哲人日已远，典型在夙昔。圣老一生，可以说是一代师表，一身勤勉，一心恬淡。光辉笃实，永垂久远。

新中国红旗下的青少年是读着圣老名篇成长起来的，以《稻草人》《古代英雄的石像》《多收了三五斗》等传世名作最为脍炙人口。古语云"读其书而想见其人"，道尽了晚学心声。《礼记·经解》所谓之"温柔敦厚"，诚如圣老于妻墨林相濡之切，于长子至善爱顾之殷，如饮醇醪，使人陶醉。珍藏多年的圣老与家人往来信件照片近百件，记载了一段段难忘的时光，从中可窥见丈夫之爱、慈父之爱，情思肫挚，自然流露。虽世变翻覆，饱经沧桑，冲夷平淡之中更令人起敬。这不仅是圣老的心灵史，也是中国人的精神家园。

孟子曰："是故诚者天之道也，思诚者，人之道也。"圣老待人接物，可贵在一个"诚"字。展览精心选取圣老和友人往来书札廿通以馈观众，朴诚情真，肺腑醇至。风雨急而不缀其音，霜雪零而不渝其色。翰墨之交君子之交朋友之谊同侪之情洋溢楮墨，字字珠玑，爱不忍释。

岁月如流，圣老仙游倏已卅载。圣老既是学人，又为文人，诗词、文章、书法等无所不擅。展览所能呈现的只是圣老风徽之吉光片羽。晚学所期盼的是"东平之树，望咸阳而西靡；盖山之泉，闻弦歌而赴节"也。文章千古，得失寸心。晚学学术疏陋，盼有热忱观众匡正不逮，以期共鸣。再者，如能从片纸零篇见微而知著，给观众以一丝暖意，足矣！

展览现场

展览海报

此身无我自无穷

> 让我所有的诗歌,聚集起不同的调子,
> 在我向你合十膜拜之中,成为一股洪流,
> 倾注入静寂的大海。
> 像一群思乡的鹤鸟,日夜飞向他们的山巢,
> 在我向你合十膜拜之中,让我全部的生命,
> 启程回到它永久的家乡。
>
> ——泰戈尔

近代以降,吴中大师踵生,光辉远被,譬如费穆先生(1906—1951),原籍江苏吴县(今苏州),举世公认,被赞誉为"诗人导演""中国现代电影的先驱"。所难得者,据费穆亲属回忆,其祖父辈即居于桃花坞一带,算来距苏州美术馆不过数百米之遥。1995年值世界电影诞生一百周

年和中国电影诞生九十周年之际,费穆被授予中国电影世纪奖导演奖殊荣。自 1933 年执导黑白无声片《城市之夜》到 1950 年监制黑白片《花姑娘》,费穆的电影艺术生涯虽纷纷往事散如云,但他创造的艺术融冶中外、含英咀华、自成体系,可谓卓荦不凡,秀出世界艺术之林,美矣嘉矣。

费穆于四十五岁之盛年溘逝,令人扼腕。光阴易迁,饱更沧海,今国人了解费穆及其艺术成就者寥寥,至为可惜。晚学初见费穆存世之电影及文章,数量虽寡,叹为惊艳,击节赞赏。后竭驽骀之力,搜采研读相关文献资料一年有余。学林已有定论者,不复赘述。费穆之卓越成就,岿然如鲁殿灵光,今仅就籀读研究之疏浅所得,粗陈拙文,简述要旨,或是雪泥鸿爪,或是肤廓之谈,心中所思未必能达于笔下,乞就正于读者。

一言以蔽之,费穆之煌煌成就可概括为"心、真、熔、诗、简"同一。

一曰"心"。苏轼有云"天赋匠心"。费穆少时聪颖勤奋,广泛涉猎哲学、历史、地理、政治、经济、数学等,一灯苦读,不舍昼夜,以致左眼失明。后入法文高等学堂,熟练掌握法文和英文,融贯中西,学识渊博。"胸中有万卷书,笔下无一点俗气",一部电影表现出的品质与导演的个人修养息息相关。费穆磊落奇蟠于胸中,自成丘壑,他的书卷气在其电影实践中熠熠闪烁,争光竞彩。黑格尔认为:"在艺术里,感性的东西是经过心灵化了,而心灵的东西也借感性化而显现出来。"费穆导演的并非只是电影,而是表达他的心;他的艺术创作有他独特的心灵体验,所创造的是他心中的灵明。他以心拨动了光影,在他充满天籁之音的心灵之中,世界就是一首完美的乐曲。如贝多芬所言:"识我音乐者,自此不知愁滋味。"费穆的电影,让人越看越喜爱,如饮醇酿,愈久愈浓,堪为灵魂之作矣。他的澄澈心怀,穿过漫漫长夜,莹澈璀璨,万象光映。

二曰"真"。终其一生,费穆始终追求进步,向往用艺术服务社会,这是他一以贯之的人生理想。他执导的电影充盈着揭露黑暗、渴望光明的现实主义精神,如《城市之夜》《天伦》等。在这些影片中,社会底层的大众是他聚焦和表现的角色。他往往赋予这些小人物真淳的情怀,透出冰冷残酷的社会现实,如寒夜中的炉火,给人以温暖和希望。法国电影大师弗朗索瓦·特吕弗曾说,在所有的艺术中,电影最能唤起我们对另一种经验的感同身受,而好的电影让我们成为更好的人。费穆倾其一生在光影中寻求真实,在孤独中追求崇高,不背其莹然初衷,不违其高远志向。无疑,他真正领悟了人生的真理和艺术的真谛,去贪、去嗔、去恶、去欲而臻明澈蕴藉的大化之境。

三曰"熔"。费穆在《风格漫谈》一文中写道:"一、中国电影只能表现自己的民族风格;二、电影的民族风格与现代思想、现代观念、现代技巧相联系。"他深谙中华典籍，又精研东渐之西学，深受沾溉；他蜕故创新，开径独辟，收获中西文化交流互通之益，形成独特之美学理念和启发。在短暂的电影美学探索中，费穆既借鉴当时西方电影本体的成功经验，又注重从中国古典诗歌、音乐、绘画、书法和戏曲等经典之中汲取乳汁，自觉将民族性和在地性与电影观念和技术运用相融冶。他执导的中国第一部彩色电影，恰恰又是京剧大师梅兰芳主演的戏曲片《生死恨》，这是体现他电影民族化探索的扛鼎之作。在其巅峰作品《小城之春》中，他既从大处着眼，在叙事、画面、构图、音乐等方面熔铸中国古典美术语言和意境，窈眇幽微，清新隽永；又从小处着手，指导女主演韦伟学习京剧旦角的云步，使人物在银幕上的简单几个"走动"饱含传神意韵。时至今日，在中西融汇互鉴的电影美学探索实践之路上，费穆依然如天地之奇观而高古浑朴，如火之热而炎煇炽盛，如光之明而霞粲艳丽。

四曰"诗"。费穆曾写下"导演人心中常存一种写中国画的创作心情——这是最难的一点"的感叹。诗的境界为中国历代文人所孜孜以求，而费穆念兹在兹的也正是中国电影艺术的诗性表达。影中有诗，诗中有影；影外有画，影外有情；镜中取影，玲珑透澈。"清泉落叶皆音乐，抱得琴来不用弹"，费穆就是具有这样感动人心的魅力和手段的大师。费穆以成功实践将电影写实性与中国古典写意性熔于一炉，巧妙地解决了"这最难的一点"。"诗家总爱西昆好，独恨无人作郑笺"，较之李义山的诗篇，费穆的电影代表作，如《小城之春》，亦毫不逊色。该片的构图、色彩和意韵完全按照苏轼《蝶恋花》神韵而婉转展开，"使观众与剧中人的环境同心"，创造出了剧中的"空气"。费穆在该片中所掌握的电影技巧挥洒自如，亦洋溢着中国画的写意风格。例如，摄影机经常是固定的，以中镜头及中远镜头为主，再配以意匠独运的旁白、含而不露的溶接、天光之影般的明暗处理等手法，完完全全"写"出了"来如春梦几多时，去似朝云无觅处"的哀婉意境，处处通情，处处醒透，余味无穷。

五曰"简"。《文心雕龙•物色篇》云："以少总多，情貌无遗。"费穆的电影语言有如倪云林山水之简约疏宕，削尽冗繁，返璞归真，可谓"无画处皆处妙境"。他将观众的主要注意力剥离一切不必要的形式，而投射在人物和"空气"诸方面，悄然融入他苦心营造的电影氛围。费穆的导演风格亦如石涛作画之"至人无法"，澹简自在，无迹可循，堪称"羚羊挂角、香象渡河"。《小城之春》女主演韦伟回忆，该片只有五个演员、三堂内景，除石羽外，其他演员、摄影师、录音师等都是生手。费穆没有剧本，每天只有一张临时的纸，全靠口讲，待演员情绪出来，就拍一两个镜头,花了短短三个月便拍完了。诚如何绍基所云:"愈简愈远,愈淡愈真,天空亘古,雪个精神。"呈现给观众的影片却是精致细微、神韵盎然,真是幕幕绰约,场场精彩,如春在花,在在即是。《金刚经》说道:"如来说法,如筏喻法者,法尚应舍,何况非法。"费穆仿佛参透"摩诃般若波罗蜜"般,忘物忘我,澄明自由,驾驭电影艺术驶入"我心如流水、处处得逢渠"之妙境。

"欲将血泪寄山河,去洒东山一抔土。"费穆个子不高,戴着一副深度近视眼镜,说一口文绉绉带点苏州口音的普通话。这是费穆留给女儿费明仪和朋友们的深刻印象。在儒雅柔弱的外表下,跳动着一颗充盈着坚贞不屈爱国情操和气节的高贵灵魂。老演员乔奇曾在回忆文章中记述,上海沦陷后,费穆不愿与日伪合作,不惜关闭了亲手打造的民华电影公司。他先后组建上海艺术剧团、新艺剧团、国风剧团等,并执导上演《蔡松坡》《小凤仙》等一批充满爱国主义精神的剧目。在日寇疯狂镇压的情势下,他在《小凤仙》剧中特地设计并导演剧中人物高呼"中国万岁"!"炯炯丹心惟爱国"的内心渴望和志洁高行拳拳在念,呼之欲出。

马克思指出:"在历史科学中,专靠一些公式是办不了什么事的。"策划此展,殊为不易。费穆相关文献、报刊、资料多在离乱中散佚,或多缺漏;而费穆执导之电影胶片绝大多数已为岁月侵蚀而朽坏。惟就现存文献之中,勤搜博采,校勘辨订,用力勤勉,终展出实物五十三件、期刊报纸九十四件、照片三十四张、影片七部共计一百八十八件。鲁鱼亥豕之误,或未能免。"两句三年得,一吟双泪流",展览所涉字句之琢炼者犹虞不及,难免粗疏,观者可自得之。纂辑费穆遗作及文献、图像等,结集刊印,亦在筹划之中。宏业艰巨,跬步今始。

展览寡陋。辱蒙费穆子女费明修、费明熙,亲侄费麟等热忱支持,上海市文艺评论家协会副主席张立行、上海电影评论学会会长朱枫及黄一庆、张伟、李亦中、汤惟杰等专家殷勤襄助,群策群力。种种高卓情谊,时莹于怀。

展览现场

——《寂寞光影：导演费穆》书影

展览现场

展览海报

一代人的美好记忆

在中国近现代美术史上，苏州美术馆与欧洲美术之渊源深厚是一个独特的文化现象。1927年，颜文樑先生在沧浪亭畔创办了苏州美术馆，这是中国近现代美术馆事业的里程碑事件。1928年，颜文樑先生赴法国留学，就读巴黎国立高等美术学院，留学期间，他游历了比利时、意大利等国。

颜文樑先生在《十年回顾》一文写道："创办美术馆以提倡社会文化……希望我山明水秀之苏州，成为世界美术之中心……"美术馆的任务是以艺术活动涵养大众心性，以审美经验提升大众素养。近一个世纪过去了，苏州美术馆始终遵循颜先生的足迹，始终追求和坚守苏州文脉，将社会责任、美术繁荣和学术追求带入美育理念，带入美术馆运行的建构之中。这既是我们光荣的使命，也是一种崇高的品质。

丁丁和《丁丁历险记》自二十世纪八十年代进入中国以来，陪伴了无数中国青少年成长，他是包括我在内的几代读者永远的英雄和朋友。年少时，我们都曾梦想过像丁丁一样扬帆出海，进出丛林，探知世界；像丁丁一样勇敢、正直、疾恶如仇；像丁丁一样对朋友忠诚、对敌人绝不妥协；像丁丁一样有一条如白雪般忠诚可爱的狗、有一位如阿道克船长般不离不弃的朋友。丁丁的身上几乎集中了人类所有美好的向往，闪耀着人性所有的光芒。丁丁影响了我们的思想观念、生活方式、奋斗目标等方方面面，也影响了这个世界上所有喜爱他的人。

经过不懈的努力，举办丁丁主题展览的愿望终得以实现。事实上，这个展览也是以丁丁为视角来审视我们这一代人的成长。伴随着我们经历的当代中国的进步和发展，丁丁已成为一代人的美好记忆：殚心创造，尽善尽美。伴随着我们经历的城市变迁和命运沧桑，丁丁已成为一代人的生存写照：胸怀理想，奋力前行。丁丁的影响早已超越了影像本身，深深地印入了我们的心灵意象和当下的蓬勃时代之中。这个展览，将因此显现出独具特质的文化思考和充满春晖的诗意抒怀。

展览现场

《丁丁历险记》海报展品《金钳螃蟹贩毒集团》

《丁丁历险记》手稿

展览海报

聚集大地的美丽

美更喜欢
在大地上居住，而且无论何种精灵
都更共同地与人结伴
　　　　——荷尔德林

苏州自昔繁盛，人文渊薮，尤以园林之营造冠绝天下，奕奕海内外逾千载。在"城市山林"雅饬之中怡然歌咏、寄栖逸之志是苏州历代士大夫文人念兹在兹之心愿。海德格尔曾语："我们通过什么达于安居之处呢？通过建筑，那让我们安居的诗的创造，就是一种建筑。"早在构思苏州美术馆重点展览之时，我便将"人诗意地安居"作为主轴，撷取"艺术行家中的行家"——建筑师予以关注。2017年在贝聿铭先生百岁寿诞之际，"贝聿铭文献展"如期而至。

毫无疑问，曾给予学生时代的贝聿铭无限灵感和崭新思想的勒·柯布西耶是另一位追求"美、诗意、和谐"的伟大象征。

承蒙法国文化部和柯布西耶基金会玉成，迄今最大规模的柯布西耶作品展得以首次离开法国本土，远渡重洋在中国举办，以馈广大艺术爱好者。策展人帕斯卡尔·莫里先生、协办方优艺中国与我多次商讨，确定以色彩为全新视角，精心挑选柯布西耶鼎盛时期创作的油画、设计手稿、雕塑、建筑模型等一百五十件与观众如约见面。大师的思想和艺术再次绽放出夺目的光芒。

勒·柯布西耶曾写道："艺术是一首诗……艺术是一种纯粹的精神创造……建筑师意识到了一种状态，这是他的精神的纯粹创造……通过形式与形状，他激发了造型的激情；依赖彼此的关系与关联，他创造了，他唤醒了我们内心深沉的反响。" 勒·柯布西耶，不仅是现代建筑之父，开创了建筑史上全新的"柯布西耶风格"，更是杰出的画家、诗人、雕塑家。他的人生跨度涵盖了《国际歌》诞生到水手4号探测器飞越火星的漫长时光，而他的作品则涵盖了建筑、绘画、雕塑和瓷釉等题材。他有着令人颤栗的魅力，所走的道路亦与众不同。他更有着一颗坚强的心，"环绕着人类的灵魂航行"，永不停歇地寻觅超越时间的美，影响着无数的建筑师和艺术家。

苏州园林之美，在于接近自然，宛然如画。徜徉其间，处处有景，刻刻生情，人与园林达到了最舒适的和谐。勒·柯布西耶同样主张："去向那无疆之域，去自然的瑰丽多彩中发现。那里才是真正的建筑课堂……"当下中国城市建设正处于由量的扩张向质的提升的关键期。重温大师的作品，探寻大师的思想，倘能推动艺术界与规划建筑界心存泉石、面向未来，共同研究如何提升城市规划建筑的品质，让城市发展更具诗意的美，这是前沿的课题，也是我们战战兢兢的期望。

大师虽逝，声誉日隆。勒·柯布西耶所遗之作品及手稿皆为法国人民视为极有价值之珍宝。《文心雕龙》有云："思理为妙，神与物游。"面对着大师的作品，观众是主人公：心灵面对着他的世界。愈是深入这个世界，愈能打开一扇窗，窗外将是一片明媚的风景。

展览现场

勒·柯布西耶

《勒·柯布西耶》书影

勒·柯布西耶作品
作品拉罗歇别墅内部
法国巴黎
1923年-1925年

勒·柯布西耶作品
拉图雷特修道院内部
法国里昂附近的艾布舒尔
2004年

勒·柯布西耶作品
昌迪加尔高等法院挂毯模型
（按比例）
纸面石墨铅和水粉
1954年

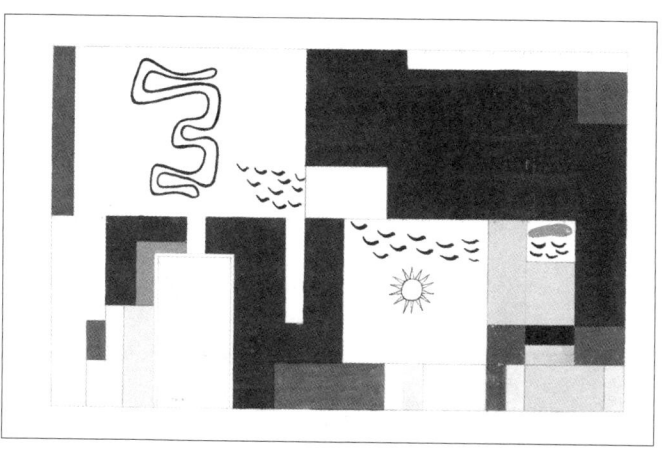

展览海报

意象江南
庆祝新中国成立七十周年艺术大展

主办
苏州美术馆

展期
2019年2月28日--2019年3月17日

地点
苏州美术馆1、2、3号厅

春光重豁吟眸

马克思曾言:"社会的进步就是人类对美的追求的结晶。"岁月不居,囿于时空机缘各异,颜文樑、刘海粟、吴大羽、吴冠中、赵无极等诸先生或暂处低潮,或为世冷落,或久居海外,但"亦余心之所善兮,虽九死其犹未悔"。他们在困苦中、在动荡中、在寂寥中苦心孤诣,赤子之心不折不变,执着探得艺术奥窔。待春风化雨之时,粲然绽放万丈光焰,巍为一代宗师。

所可贵者,颜文樑、刘海粟、吴大羽等诸先生或具国学根底,或有家学渊源。譬如颜先生尊府颜元即是任伯年弟子,深得其精髓;又负笈游学欧洲,挹西方艺术菁华;复与中国优秀文学艺术传统一炉而冶之,贯通中西,创辟出别开生面之民族气派及风格。可谓含英咀华,后绝前超,享誉中外。新中国成立后,美术界英贤济济,直接或间接受颜文樑、刘海粟、吴大羽等诸先生沾溉,担簦访道,各有发挥开辟,硕果累累,气象宏阔。岁月如歌,蓦然回首。颜文樑、刘海粟、吴大羽等诸先生及其艺术历经时光淬炼,生生不息,深美闳约,愈见其璀璨光辉。

中西哲学及思维方式不同,投射在艺术思想上亦有异。西方艺术重具象,自解剖、透视着手,以"光""影"技法剖析物象,建构起所谓"美乃是存在之在场状态","画者,师心也"。中国绘画之道重写意,"不在对临而在神会",独嬗神韵化境、妙趣天成。面对纷繁复杂之人间万象,艺术家讲求领悟自然造化,体味岁月磨砺、人生起伏、风雨创痛,继而因心造景,以心写象,用意造境,直写心灵。司空表圣谓之:"不著一字,尽得风流。"静安先生则称之为"境界"。唯胸中磊磊,"自有真丘壑",方能意匠独运,意厚情浓,意到画成。

"盈天地之间者,法象而已。"世间万物以不同面貌活跃于世。中西艺术发展迹辙相异,却是"东海西海,心理悠同"。安格尔有言:"世界上不存在第二种艺术,只有一种艺术,其基础是:永恒的美和自然。"宋代大儒程明道则曰:"万物之生意最可观。"杜工部亦有诗云:"水流心不竞,云在意俱迟。"中国传统美学推崇"意象",营造有意无意、似与不似之"意境",追求"天地人"三才,礼赞生命,万物和谐。蕴涵"画在有笔墨处,画之妙在无笔墨处"之中国美学精神,与西方哲人咏唱之"诗意地存在",却是相契相合,窥得艺术堂奥。

梵高说过:"我总是全力以赴地画画,因为我的最大愿望是创造美的作品。"艺术家之高尚使命恰在于寻找并营造"意境",亦即西方先哲所谓"诗意的世界",精神灿烂,出于纸上;人与象汇,意与象通。"流美者,人也。"艺术家以作品创造"意象",呼唤世人珍爱万物生命,铭记人间境界真善美,返璞归真,自在优游,得之寰中。

唐宋以降,以苏州为核心的江南渐成中国文化艺术之中心。江南如画,大家辈出,流风远被。杨惠之、顾恺之、元四家、吴门画派等,云兴霞蔚,不胜枚举,皆为蔚然大观之艺术高峰。艺林推重,故此短文中不复论述焉。诗意、如画的江南体现着中国真正的意韵气象,是令人向往的中国故事不可多得的美好意旨。诗情画意满江南。江南不仅是一种文化形态,更是一种文化体验,一种心灵交融。这样的江南,是民族的,更是世界的。

时光如流,骎骎七十年。前贤昔哲,俎豆馨香。山川易变,艺术长存。梳理取鉴颜文樑、刘海粟、吴大羽等诸先生之嘉德懿行,辄蒙熏沐,历久弥新。撷取展示颜文樑、刘海粟、吴大羽等诸先生之佳作精品,既传承有绪,又大力发扬,更以自策励。细览参展七十余位艺术家名单,皆对艺术发展贡献较大者,多为艺林所肯定。参展作品涵盖油画、国画、雕塑、综合材料及装置等诸多门类,共计八十余件,扬葩吐芬,争光竞彩。兹篇幅所限,仍有许多前辈大家未能逐一胪列,还有不少名家及新锐尚未彰显。抚躬自问,殊觉愧赧。

"旧学商量加邃密,新知涵养转深沉。"时下,长三角一体化大势日隆,沪苏两地艺术交流益炽。展览虽寡,涵蕴甚丰。镜鉴他山,蜕故求新。晚学驽钝,犹愿竭绵薄聊贡愚忱,共赴这伟大时代之大美!

展览现场

展览海报

诗心滢滢水潺潺

唐宋以降,以苏州为中心的江南,富足晏安,文教昌明,渐成海内公认的风雅之宗。明人张岱在《陶庵梦忆》中用玉润珠圆般的文字,回忆彼时江南精致的生活。雕槛如绮、画船如织、琴箫悠传,身临如是,繁华生辉,不晓得世间忧愁为何物。这里有最为雅致的绘画,最为温婉的昆曲,最为精美的丝织、玉雕、家具等。这里还有顾恺之、陆探微、张僧繇、杨惠之、白居易、米芾、元四家、明四家、王世贞、董其昌、冯梦龙、陈洪绶、魏良辅等最具创造力的文学家、诗人、书画家、雕塑家等。仅仅是诵读出这些伟大的名字,就令人思之仰慕不已。

冯友兰在《南渡集·论风流》中谈及,真风流必备四个条件:玄心、洞识、妙赏、深情。"结庐在人境",江南便是真风流之地。这里的人民最能用心感悟美,最常用心珍惜美的感情，最会用心赏爱美的事物和美的作品。

中国传统美学认为，诗是无形画，画是有形诗。张彦远在《历代名画记》中写道"书画异名而同体"。苏东坡则谓"诗画本一律"。钱锺书先生总结为"诗原通画""诗画一律"。董其昌更将中国画分为南、北二宗。南宗简约渲淡，追求意境，与中国旧体诗远韵深隽一致，格在其中，妙在笔墨之外。恰在江南，历代文人将诗与画镕铸合一，崇尚"莫可楷模"之"逸格"和"兴会神到"之"意境"；更统摄琴棋书画诗，又融入造园艺术。"诗扬心造化，笔发性园林"，文学艺术之美与自然及园林之美合而为一、融会贯通。山林市城，观览不遑；寄情咏怀，抒写胸臆，此逸品也！

诗为抒情，画重蕴藉。英国桂冠诗人华兹华斯认为，诗是强烈感情的自然流露。传统意义上的中国诗，亦主在抒情。《诗》三百，汉有辞赋，又作乐府，东汉而兴五言，至唐则七言大兴，代有佳篇，传诵千载。体裁虽不同，但主旨必寄兴深微，高情远韵，永存天壤。诗之抒情大致有二。一曰欢戚之小我。譬如李义山"脉脉无言几度春"，凄怆低吟，芬芳悱恻；陶渊明"云无心以出岫，鸟倦飞而知还"，秋水明琴，怡然自乐。二曰淑世之大我。如杜子美"安得广厦千万间，大庇天下寒士俱欢颜"，感时伤事，深邃透彻；陆放翁"夜阑卧听风吹雨，铁马冰河入梦来"，排奡开阖，荡气回肠。所歌咏者，或是悲欢离合，颠沛流离；

更有忧念民生,一往情深。诗人之浓挚深情,化成诗中之情,洋溢楮墨,浸润激荡。

中国画是造型与笔墨的艺术。以线造型,凝练简扼,却又追求以神取形,心形融合,忘形得意,形神兼备。更兼用墨淋漓浓淡,用笔古拙出奇,润合春雨,妙合化工,方为中国画至高境界。以南宗为代表的中国画,则讲究澄淡隽永。苏东坡在《王维吴道子画》中评道:"吾观画品中,莫如二子尊……吴生虽妙绝,犹以画工论;摩诘得之于象外,有如仙翮谢笼樊。吾观二子皆神俊,又于维也敛衽无间言。"八大题诗有云:"愿得诗无声,颇觉山为静。"真正的艺术家,在于老笔纷披,置物之形,输我之心,以心造象,意象万千,呈现出"知君自有真丘壑,不在区区水墨间"的意境。真正的艺术家,更在于写心写意写神,表现出高清品格、心意神采,创造出象外之象、韵外之致。

诗为含蓄,画贵天真。中国旧体诗首推优美辞采、工整平仄、谐和音节。诗中所用,多为"淡月疏星""垂柳细雨",又为"月榭画亭""云山烟水",或为"闲愁忧思""微雨落花"。正如杜子美所言"为人性僻耽佳句,语不惊人死不休"。又推比兴雅正。无论山川林泉,还是友朋唱和,又或在水佳人、千里相慕,诗之所抒,必是援翰写心,隽逸窈眇。无论外在及韵律,还是内质及情感,皆如雅集唱喛,倾人心魄。

画者，从于本心也。绘画是积累体悟的过程，更是洗去胸中尘浊的过程。佛家宣教"明心见性"，儒家讲求"保其赤子之心"，道家追求"归真返璞"。苏东坡谓之"天真烂漫是吾师"，石涛则云："苍苍茫茫率天真。"真正的艺术家需将人生经历、痛楚欢乐、磊落胸怀，写于纸上，率意挥洒。"豪华落尽见真淳"，透出真趣，丘壑自然内营。

诗画又皆言民胞物与之怀。文学艺术为一个时代之反映。诗画则是文学艺术之精美表现，味之甘甜，佩之芳馨。愈是经典之诗画佳作，愈能以精巧之辞采、优美之音节、沉微之寄兴，纵横之笔墨、高远之意境，遒上之风格，表达苦心孤诣、精忠壮怀，风雨急而不缀其音，霜雪零而不渝其色。愈是深挚之诗画名作，诸如白居易"可怜身上衣正单，心忧炭贱愿天寒"、范仲淹"先天下之忧而忧，后天下之乐而乐"、顾炎武"天下兴亡，匹夫有责"、郑板桥"衙斋卧听萧萧竹，疑是民间疾苦声"、林则徐"苟利国家生死以，岂因祸福避趋之"等，愈能深入人民，表达时代之心声。纵然躬蹈百险，却始终风义如一。

诗与画殊途同归，达于顺美。荦荦大者，约有以上三端。诗画之道精深，晚学愧不能博证群书，深入研究阐发诗画之真理。仅能就平日所悟之区区心得，信笔撰述。一隅之见，不能不深致读者也。

流水潺潺，乃思先贤。江南历代文人志士，爱国爱家，在明明德，万折不回；亦留下无数韵高绝伦的诗画名篇巨作，闳伟光明，千载如生。吟诵这些诗篇，如聆天籁，使人心醉。欣赏这些画作，如饮醇酒，回味深腴。纳诗心于胸次，览德辉于峰巅。即使风雨交侵、饱经世变，仍膏沃光晔、蕴蓄丰融，亦能令吾辈振奋精神，久久不能忘怀。

展览现场

《三生长忆是江南》书影

展览现场

展览海报

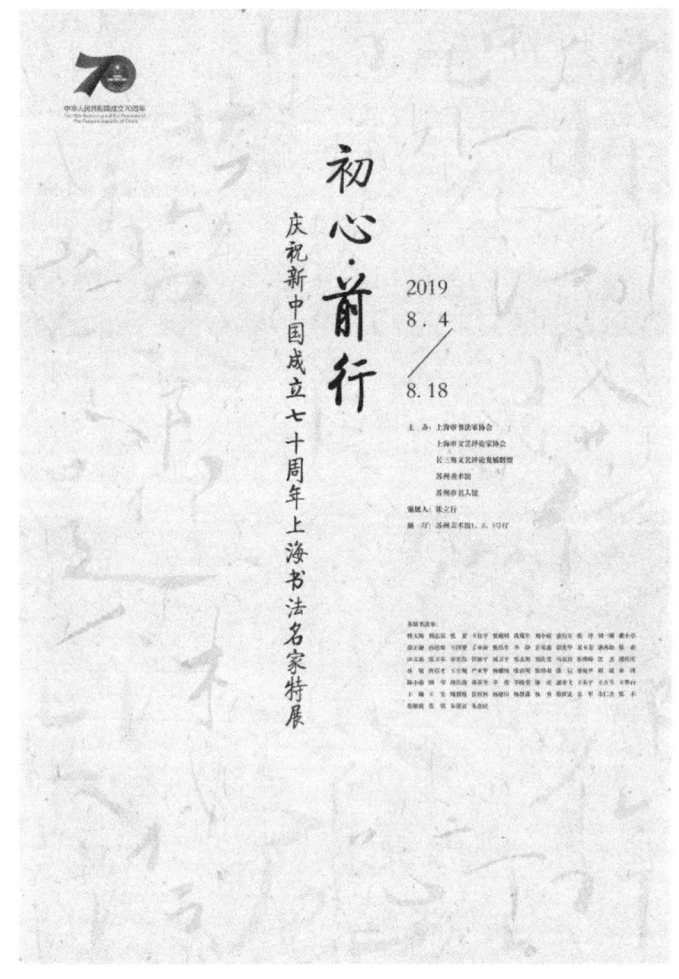

煜煜翰墨炯心光

沪苏两市,自古一体。明代以前,苏州即为江南重要的行政中心。著名学者李伯重先生认为:"明清苏州的城市是一个以府城为中心,以郊区市镇为外延的特大城市。"清代康雍乾三朝名臣孙嘉淦在《南游记》中写道"居货山积,行人流水,列肆招牌,灿若云锦,语其繁华,都门不逮。"史学界研究估算,清代中期的苏州,人口达一百五十万以上,堪称是江南的经济和文化中心。斗转星移,上海自近代肇兴,作用及地位日隆,衍变为现代化国际大都市,还将发展为具有全球竞争力的世界级城市群。

当前,长三角一体化已上升为国家战略。沪苏两市深具共通的文化根脉和共有的精神家园,文化交融方兴未艾,已成两市一体化发展的题中之义。今年以来,苏州美术馆自沪苏"双城"美术交流互鉴着手,以江南文化为共同的文化标识,策划举办"江南意象——庆祝新中国成立七十周年艺术大展""江南如画——中国油画作品展(2019)""三生长忆是江南——海上名家姑苏诗意作品特展"等一系列高质量的美术大展,主动对接上海,率先探索"双城"公共文化服务一体化,积极融入长三角一体化大战略。

万物葱茏、生机盎然的盛夏时节,苏州美术馆、苏州市名人馆携手上海市书法家协会、上海市文艺评论家协会和长三角文艺评论发展联盟共同主办"初心·前行——庆祝新中国成立七十周年上海书法名家特展",抒写家国情怀与江南、书法与江南诗意、美学与江南文化认同及追求,赋予历代江南唱咏爱国明德廉政的诗篇和集体记忆以新的生命和文化意义。这亦是"双城记"系列大展中首个上海代表性书法家联展,群贤毕至,别开生面,开创先河。

华夏文字最早可上溯至约五千年前,与埃及象形文字、巴比伦楔形文字、古希腊文、拉丁文等类似,具有记人、记事、记功等功能。所迥异者,乃汉字独具最为遒上之审美作用。讲究用笔用墨、结字、章法,更重线条组合、谋篇布局与计白当黑、虚实互衬,气韵观瞻,写出"字外之奇",终成书法之大观。书法乃是真正意义上的艺术,堪称最为珍贵的华夏文化瑰宝之一。

唐代张怀瓘在《文字论》中谈道:"文则数言乃成其意,书则一字已见其心。"清代刘熙载则在《艺概·书概》

中阐述为："书，如也。如其学，如其才，如其志，总之曰如其人而已。"书法的艺术性，不完全在于技巧，而与书家的学识高下、修养厚薄、阅历深浅等息息相关。"流美者，人也。"自汉魏以降，苏州深受江南文化滋养沾溉，书法名家辈出，代有佳篇。王羲之、王献之、虞世南、褚遂良、孙过庭、张旭、苏轼、米芾、赵孟頫、王宠、董其昌、沈周、唐寅、文徵明、祝允明、郑燮等赫赫大家，名蹟佳妙，流风远播，海内翕然推崇。

"收百世之阙文，采千载之遗韵……笼天地于形内，挫万物于笔端。"书法的艺术性，更在于人的创造，"字里行间"承载着蕴蓄丰融之人文精神。历代江南忠义道德文章俱佳之文人志士，箴铭颂赞家国情怀，留下无数闳伟绝伦名篇，传诵人口，千载如生。其垂范后昆者约有三端。

一曰明德之志。《淮南子》集秦汉哲理于大成，其《主术训》曰："非澹薄无以明德，非宁静无以致远。"范仲淹迁知苏州，兴建府学、义庄，造福桑梓；人生虽有起伏，志以天下为己任，其《岳阳楼记》写道："先天下之忧而忧，后天下之乐而乐矣！"朱熹重振白鹿洞书院及岳麓书院，开创闽学，格物致知，阐发曰："穷理者，欲知事物之所以然，与其所当然者而已。"于谦忠心义烈，忧国忘身，家无余财，慨然赋诗云："粉身碎骨全不怕，要留清白在人间。"鲁迅执笔对战黑暗，"横眉冷对千夫指，俯首甘为孺子牛",爱憎分明、肝胆照人,毛泽东赞其为文化战线上的民族英雄。凡斯诸例,不遑枚举。读诸公诗文,美在逸气豪情,光焰万丈。

二曰爱国之情。王昌龄投笔从戎,豪迈旷达,虽屡遭贬谪,驻守边塞,却是一片冰心在玉壶,其诗云:"但使龙城飞将在,不教胡马度阴山。"陆游力主抗金北伐,壮志未酬,遒壮慷慨,其诗雄慨激宕,英雄本色,几如黄钟大吕,譬如《病起书怀》云:"位卑未敢忘忧国,事定犹须待阖棺。"瞿式耜崎岖危难之中,依然坚贞不渝;城破不遁,碧血丹心,慷慨就义,憪然赋诗云:"莫咲老夫轻一死,汗青留取姓名香。"顾炎武首倡经世致用,著资治之《日知录》,耿耿初心,终始不改,作诗云:"我愿平东海,身沉心不改;大海无平期,我心无绝时。"林则徐巡抚江苏,开衙苏州,首推禁烟,置祸福荣辱于度外,其诗云:"苟利国家生死以,岂因祸福避趋之。"略引先贤名篇,可感美在壮心精忠,回肠荡气。

三曰廉正之节。刘禹锡阅尽沧海,仍胸次高洁,歌咏木荣泉流旨趣曰:"斯是陋室,惟吾德馨。"白居易志在兼济,行在独善;刺史杭州,治理西湖,主政苏州,开凿"七里山塘";主张"文章合为时而著,歌诗合为事而作",留下"唯留一湖水,与汝救凶年"的不朽诗句。苏轼知府杭州,疏浚西湖,修筑"苏堤",坦然吟道:"且夫天地之间，物各有主，苟非吾之所有，虽一毫而莫取。"虽是宦海浮沉，颠沛四方，仍忠义许国，豪放率真，诗词书画皆为后世所宗，卓越千载。况钟刚正廉洁，孜孜爱民，兴利除弊，享有"青天"美誉，自励云："清风两袖朝天去，不带江南一寸棉。"郑板桥两任知县，爱民如子，"衙斋卧听萧萧竹，疑是民间疾苦声"；更独创"六分半书"，又擅画兰竹石，心地光明，蕴涵深情。俞樾著作等身，桃李天下，敬业乐群，堪称通儒硕师，题咏《林屋山民送米图》云："薄宦不能一朝留，清风可以百世祀。"凡此种种，借诗见节。仰见昔哲盛德，美在朴澹澄澈，深入人心。

"疏瀹五藏、澡雪精神"，历代江南名篇在明明德、歌咏家国、情周百姓，不仅外在文藻秀出、秾丽沉挚，其深曲要眇尤在内质之初心独照。《诗经·大雅》曰："靡不有初，鲜克有终。"《华严经》曰："如菩萨初心，不与后心俱。"历代江南名篇蕴含着天地间的大义大美，辞采之精、用情之深、俯仰之度、丰约之载，本色深涵，初心凛凛令人思，播为美谈。

《文心雕龙》有云："文变染乎世情，兴废系乎时序。"书法的艺术性，还在于扎根人民、浸染生活，方能陈诗以展其义，长歌以骋其情，援翰以写其心。展览荟萃上海市书法家协会历届顾问、主席、副主席及常务理事和部分理事等七十位书法名家，形诸七十篇历代江南最为脍炙人口之诗文于笔锋墨韵，追思初心，赞成厥美；弥足珍贵，洗照心光。每每诵之，恍如漆室见明灯，而得瑰伟壮美之光辉矣。

黑格尔曾言："美是生命。"康德则言："自然的美，是一件美丽之物；艺术的美，是一物的美的表现。"美是人创造出来的，艺术家尤为美之使者。书因心立，心以书行。生活在万象更新之新时代，真正的艺术家立心皆为"美德"，立义皆为"美艺"，饱游沃看，涵泳体究，镕铸晋人之高远、唐人之朗润、宋人之洒脱、明人之秀雅，统摄诗书画印；更兼驾驭笔墨，郁郁芊芊，生气淋漓，兴会神到，真正体悟出山川林泉、鸢飞鱼跃与人间真情、国家兴盛，终化入南华妙境矣。登皋舒啸，光烛霄汉，艺术生命亦将跃入熠熠日新之新气象。

以上所陈，爰抒区区体会而已，世有爱好书法艺术者，愿承教焉。

展览现场 ——————————————————— 观众现场互动

《初心·前行》书影

展览现场

展览海报

浩荡光风相候

《易·系辞》曰："形而上者谓之道，形而下者谓之器。"朱熹有云："形而上者，无形无影是此理。形而下者，有情有状是此器。"冯友兰则在《中国哲学史》中阐发为："所谓形而上者，超时空而潜存者也；所谓形而下者，在时空而存在者也。"中国传统文人画重在探求画家自身理想寄托、人文情怀等，尤以形而上的世界为最高境界。震文先生敬业研几，深谙画道之微言大义，鸿篇佳作灵性而隽永，简淡而深邃，来源现实而又超越现实，皆具中国美学之精义，终达乎于形上。

"万物皆吾与也。"震文先生专注于摹写山川园林，摄景于亭榭之表，发兴于深山之巅，师法造化，孜孜矻矻，已臻高远耳。钟情写生，写貌物情，实为关注"现时"，或谓"在场"。震文先生心与天游，多闻道以启发性灵，多行路以写出自身笔墨,撼发人思。

程明道有诗云:"云淡风轻近午天,傍花随柳过前川。时人不识余心乐,将谓偷闲学少年。"震文先生修学卓识,骨老气清,思古之情与求新之心深种,杼机独具。窃以为,震文先生之山水取意于江南"士大夫画",博观约取,澄怀观道;又思弘道艺,寝馈中外艺术数十年,捻大雅,觅新生,独创前人未有之面目,如闻空谷足音也。

恽南田题曰:"画至神妙处,必有静气,无斧凿痕,方寸纸墨间,静气凝结。静气,令人所不讲也。画至于静,其登峰矣乎。"恰震文先生心有静气、骨苍神腴,气清质实。虽历经沧海,却泊然自处,澄静优雅。观其山水,远山逶迤,葱茏蓬郁,天光云影,青山绿波,自有灵气涌动。品其画意,笔力深练,墨彩凝润,古拙纵逸,含蓄不露,别有华滋拂煦。

《文子·道德篇》曰:"上学以神听之,中学以心听之,下学以耳听之。"震文先生思古之功力、高旷之胸襟、审美之远见、独到之旨趣,洗练卓立,罕能及之。此展倘能为江南绘画艺术比较参证,令观者感受万物之韵律、生命之和谐、艺术之不息,亦为当今画坛辟以新途,以资进步,则幸甚焉!

展览现场

展览海报

心共荷塘天游

绘画的表现形式千变万化，各有风流。"一粒粟中藏世界"，春涛兄专心于半亩荷塘这个小世界。荷塘里，春来春去，花开花落。春涛兄广学博采米家山水、董香光、倪云林、文征明等菁华，又镜鉴欧美现代艺术之所长，兼收并蓄，熔于一炉。他看透纷繁复杂的世间表象，以独特的视角发现、领悟、重建视觉图像的生成，褪去锋芒；以精湛的笔墨功力，随心所欲挥就心中的笔墨,蔚然自成一家。

司马相如《答圣览》曰："赋家之心，得之于内，不可得而传。"春涛兄自性本心，因心求象，不断陶冶，泼墨出自己的意象，传递出自己的情感、意兴和时空，表达出象外之象、韵外之情。虽沉浸于因心造荷塘，但他表现出的却是"自有真丘壑，不在区区荷塘间"的意境。他的画作意蕴丰瞻，内中有真象、有真情、有真意，出于纸上，体现出他对世间生命的真情感悟和人文情怀的诗性表达。

董其昌云:"淡乃天骨带来,非学可及。内典所谓无师智,画家谓之气韵也。"春涛兄胹挚恳恻,讷于言而敏于行。马蒂斯说过,画家作画是他们表达自己的方式。"淡"落脚在他的绘画中,即是"不落言筌",用笔墨直接调动观众感受,含蓄隽永,留有余味,如"水中之月、镜中之像",一派江南水墨淋漓流润,形成独特之遒上风格。

"藏巧于拙,用晦而明;寓清于浊,以屈为伸",春涛兄之水墨恰以拙见长。他用笔古拙滞重而生机勃勃,用墨酣畅老辣而不瘦不腴,纵横挥洒,气象万千。他大胆摒弃传统构图模式,用自己的灵性看世界,在有意无意间营造了一个墨浓味浓的现代形式之美。他的水墨画有慧心,具哲思,宛如白云出岫。观之亦如春风拂面,秋水绵长。

慧能《坛经》云:"我心自有佛,自佛是真佛","一切般若智,皆从自性而生"。八大则有一枚图章题为"天心欧兹"。春涛兄寄情于心中之荷塘,乐此不疲;笔墨纷披,地老天荒。荷塘里,花朵绽放,妍润欲滴,恰在此时此刻。

展览现场 ———————————————————————— 作品捐赠

展览海报

橙黄橘绿春满时

沧桑巨变,先哲长存。吴作人先生生于苏州,成长于欧风西雨汹涌冲击、国运危靡的旧时代。少时家运不昌,但经江南文化熏陶涵化,奋发卓绝,先入巴黎美院攻读,旋至比利时布鲁塞尔皇家美院研修。先生殚精观摩,吸收西方美术菁华而又立足、发扬中国优秀人文传统,贯通中西,兼收并治,建树既民族又现代、融合中西美学的独到艺术风格,倾动一时,鲜有出其右者。

"愿学新心养新德,旋随新叶起新知。"新中国成立后,先生欣然经受马克思主义洗礼,热情拥护党的领导,倾心投身美术教育事业,先后担任中央美术学院教务长、副院长、院长,中国美协主席、中国文联副主席等职。先生悉心培育后起英秀,足迹遍南北,桃李满天下。沾溉至广,享有盛誉。在艺术创作上,先生由西画而攻中国画,披荆斩棘,开拓前人未有之面貌,创辟别开生面之新径。冠绝天下,四海服膺。

《礼记·大学》曰:"大学之道,在明明德。"先生漂泊半生,后又久居北京。故乡苏州却始终是他浓浓的乡关和心灵的归宿。先生馈以珍贵书画,留以专门艺术馆,尤拳拳于国家富强、文化昌盛和家乡进步。先生对国家热爱之深,对家乡思念之殷,对同乡敦勉之切,如在目底,铭感至深。先生之煌煌成就和道德风范,明在艺术、明在品质、明在进德。

华枝春满,精神不息。先生开廓之有感情、有生命、有深沉之境界,足以启吾辈心胸。撰此短文,亦难曲尽先生与家乡至亲至爱之深情。先生大德,鲁殿灵光,足以励后学锲而不舍,竭全力奋斗!

二〇一九年三月二十八日于京沪高铁

吴作人先生和萧淑芳女士之女萧慧、孙女吴宁,以及亲属共同启动展览

展览现场

《此身犹未出苏州》书影

展览海报

摘得星辰满袖行

恩格斯曾谓:"历史是这样创造的:最终的结果总是从许多单个的意志的相互冲突中产生出来的,而其中每一个意志,又是由于许多特殊的生活条件,才成为它所成为的那样。"

消逝的时光、沧桑的过往、绝代的风华,常常定格在一张张泛黄照片中,凝固在一摞摞尘封的报章里,封存在一段段残缺的胶片中。虽看得到,却积满灰尘,残留为记忆的碎片或散落的断篇。恰在忘却与发现的互动之中,往往诞生艺术之永恒。一百年前,在苏州这片江南文化膏腴光晔之地,以颜文樑为代表的一批文人志士开创我国近现代第一个全国规模之美术展览——苏州美术画赛会,首开风气之先,涵养艺术之美,为民族弘宣文化,为国家敦植美育。其人其事其情其义其欢其哀同久天壤,暐烨后世。

托马斯·曼曾云："人们不仅仅以个人的身份生活，而是不知不觉地与他的时代同呼吸、共命运。"于国人而言，1919年是一个特殊的年份。彼时中国深陷"三千年未有之大变局"，外有列强欺凌，内有民生凋敝，国家和民族面临空前危机。在那风起于青萍之末的年代，形形色色西方思潮，诸如卢梭、培根、笛卡尔、康德、叔本华、尼采等哲学及美学思想等，又如水银泄地源源涌入。梁启超有诗记曰："莽莽欧风卷亚雨"，秋瑾则发出"欧风美雨咄咄逼人"之慨。内忧外患、腥风血雨之下，社会各阶层虽立场、思想各异，皆不约而同寻求拯国救民之路径。

"栖心浩素，始终不亏。"海内大家在绚烂如夏花般年纪时，对真理愉悦、感动的力量，对问道真挚、执着的精神，摛彩竞发，尤是卓荦不凡。在1919那一年，十九岁的谢婉莹第一次以"冰心"为笔名，发表其第一篇白话小说《两个家庭》，宣告在中国文坛登堂入室。在1919那一年，同是十九岁的林风眠作为第六批留法勤工俭学的学生，远赴法国求学。在1919那一年，二十岁的清华大学高等科二年级学生闻一多发起成立清华美术社，学习绘画、探讨艺术。在1919那一年，二十一岁的郑振铎尚是铁路管理学校英文高等科学生，就与瞿秋白等创办了《新社会》旬刊。在1919那一年，同样二十一岁的北京大学学生朱自清写出新诗《睡罢，小小的人》。在1919那一年，年仅二十三岁的刘海粟，前往日本考察绘画及美术教育。也在1919那一年，时年二十六岁的颜文樑亦在默默探寻以美术救亡图存之道路。

早在1913年，鲁迅先生即在《拟播布美术意见书》中提出"美术可以表见文化、辅翼道德、救援经济……应行美术馆、美术展览会等建设事业"之主张。颜文樑及那一代同道友人深感神州陆沉之痛，高举美育之帜，以萤爝之光探照前行之径，终汇入"五四"新文化运动之涌流大潮。1919年元旦，颜文樑与杨左匋、金松岑、潘振霄、葛赉恩、徐咏清等中外友人共同发起第一届苏州美术画赛会，并于苏州旧皇宫开幕，为期十四天，展出国画、水彩等画作，以及漆绘、照相着色、刺绣等工艺品。北京大学画法研究会等各地学校和美术团体均踊跃参展。以此为起点，每年元旦，苏州美术画赛会必如期举办。后至1924年第六届苏州美术画赛，吴昌硕、顾鹤逸、顾彦平等怡园画集骨干欣然加入。又至1928年，第十届苏州美术画赛移师苏州美术馆举办，同期举行苏州美术馆开馆典礼。此届画赛会开设十六个展室，涵盖国画、西洋画、书法、刺绣、摄影等门类。张一麐、李根源、于右任、刘海粟、颜文樑、金松岑、顾鹤逸、吴子深、朱士杰、胡粹中、蒋吟秋、范烟桥、吕斯百等名流名家皆迭起相热情应和，作品逾一千五百件，规模空前，气势恢宏。

两宋以还，以苏州为代表的江南地区，繁华昌盛，风雅晏足，尤以文化艺术成就擅场。上世纪之初，仍是春华独饶，风靡宇内。仅以美术为例，既有民间自发成立的怡园画集，也有教育体制最为完备的苏州美专。既有长期生活于斯的吴昌硕、吴湖帆等赫赫大师，也有拄危定倾无负于家国的张一麐、李根源等凛凛硕儒。既有热心美育事业的顾鹤逸、吴子深等訾富望族，也有鼎力造福桑梓的金松岑、柳亚子等文化名流。薰沐其中，苏州美术画赛会亦深得江南文化之秀，诞生于斯，绝非偶然。

在声光炜然的表象背后，苏州美术画赛会独具澹雅斐亹之气象，沾溉我国近现代美术事业久矣。其微言大义，约有四端。

一曰创树新风。画赛会以"提倡画术、互相策励、仅资浏览、不加评判"为宗旨，嬗易新开，标立宽和包容之风尚。志在以美育济世，瀹启民智，故画赛会深得社会各界之肯定。苏州美术馆首任馆长黄觉寺回忆："历年参观人数，平均每日为五百人，统计已在十万人以上。"至1951年时，第二十五届苏州美术画赛会更是盛况空前，计有吴昌硕、吴湖帆、齐白石、张大千、徐悲鸿、刘海粟、颜文樑、吴作人、吕斯百、朱屺瞻等今日国人所熟知之大家参展，尤为世人所称道。颜文樑等先贤深具民胞物与之怀，以画赛会引导社会审美，增进艺术进步，前前后后坚持二十余届，为中国近现代美术事业尽了最大之贡献。

二曰创建新诣。颜文樑主张："美术在文化各部门中，常常是最前进的，而且她与社会关系也往往比其他各部门来得密切而易于深入……因之美术在世界任何各国中，因为她最能代表一国的文化，于是美术馆之设立，在任何一个都市中都可以寻到。"颜文樑等先贤常怀清芬旷达之思，以画赛会和苏州美专彼此羽翼，创办苏州美术馆，广育青年英才，有顺美淑世之功。倡导美育，河润千里。1927年，颜文樑筹设苏州美术馆于沧浪亭苏州美专。初创时，美术馆陈列古今中外名画，方便美专学生浏览观摩。之后美术馆在沧浪亭发起美术展览会乃至音乐会，又举办艺术家联欢大会，洋洋大观、珠辉玉映。正始明道，嘉禾秀出。董希文、李宗津、费以复、钱家骏、俞云阶、杨之光、卢沉、罗尔纯和冯其庸等一大批新中国优秀艺术家和知名学者，皆是从苏州美专走出来的菁英。他们在各自领域如千岩竞秀万壑争流，溢光流彩，为新中国美术事业做出了杰出贡献。

三曰创获新学。济慈有诗云："听得见的音乐真美，但那听不见的更美。"颜文樑等先贤以美术救国为己心，援以各种新式推广方式激发少年儿童及大众对艺术之兴趣。譬如，1924年，第七届苏州美术画赛会始发送特刊。1925年，第八届苏州美术画赛会增添泥人、儿童游戏物品。1928年，第十届苏州美术画赛会举行"小画赛会"，针对与画赛会同龄的十岁儿童，鼓励其参与，颁发奖品和赠品。1933年，第十五届苏州美术画赛会特设"十五学龄儿童艺术展览"，开设十五岁儿童艺术成绩展览室，举行十五学龄同年会，共叙茶话并赠送纪念品。1934年，第十六届苏州美术画赛亦设立与该届画赛会同龄儿童之美术展览，颜文樑出席并报告说："你们都是与我们画会同年产生的朋友；所以这画会应该是你们的、画会今年开着第十六年。你们可爱的青春，便是我们的象征……"画赛会藉此春风拂面之方法，将美术由精英雅集引入大众生活，亦将少年儿童引向艺术之堂奥。

四曰创俱初心。张岱在《湖心亭看雪》写道："雾凇沆砀，天与云与山与水，上下一白。湖上影子，惟长堤一痕、湖心亭一点、与余舟一芥，舟中人两三粒而已。"美国著名演讲家爱默生亦云："人的一生有赖于从一些人群中获得友爱、赏识、尊重、道义的支持与帮助。"值当时国事衰微之际，颜文樑汇集顾鹤逸、朱士杰、胡粹中等一批学力、识解、真情皆备之鸿士，襟怀高远，胜概奋发。虽屡遭艰难困厄，始终守大节、讲忠亮，万折不回。譬如，抗战烽火给包括苏州在内的江南地区带来满目疮痍、残山剩水。"钓台移柳，非玉关之可望；华亭鹤唳，岂河桥之可闻！"家园苍凉，踯躅南渡。虽怀黍离麦秀之悲愤，颜文樑等诸公坚信正道多歧，用情深隐，用义浩然，专力治事。待抗战胜利,即着手重建苏州美专。旋于1946年,恢复举办第二十届苏州美术画赛会。之后继轨骏奔,连办数届。海内翕然,争相推崇。

沈从文先生晚年曾写下诗句:"照我思索,能理解我;照我思索,可认识人。"历经跌宕起伏的二十世纪,在战争、革命、颠沛、离别、建设、困苦、安定的大时代洪流里,颜文樑始终是恬淡而内敛的。他的艺术人生和美育之旅终归于澄明朴澹的生命状态。他带给我们的是什么样的启发和思考?点亮一盏灯,光芒虽渺小而微弱,却是为了光明而闪亮。如果宏大的叙事能够打动人心,那么润物无声的娓娓深情同样能够深沉地拨动我们的心弦,长久地涤荡我们的心灵。

在微信、推特、脸书等数字化生存的时代,在影像文化大行其道的今天,我们埋首于卷帙浩繁之文电、尺牍、艺文、稗编、旧照、报刊中经年,不避寒暑、孜孜不辍。探河穷源、剥蕉至心,今终以展览呈现画赛会之大概面貌。重新建构起一段段珍贵的史实、一幅幅难忘的画面、一种种绚烂的色彩。有了这个展览,湮没在历史大河里的那一段美术史,得以填补;有了这个展览,颜文樑那一代前贤的美学美义美德,得以窥见;有了这个展览,命运之芳华,方臻圆满。颜文樑那一代前贤的传奇与苦难、辉煌与落寞、欢愉与寂寥,在这个百年诉说的故事之中,回味悠长。神州文化之光辉，在这个百年吟唱的衷曲之中，莹彻夺目。

亨利·戴维·梭罗在《瓦尔登湖》中写道："我们不一定能如期抵达我们的港口，但我们会保持正确的航线。"我们追怀眷念画赛会之精神，深知其稼穑艰辛，唯有尽最大之热忱，踔厉振发。诸多努力未必探骊得珠，但缅思冰玉，以明心迹。当无忘颜文樑等诸先贤筚路蓝缕之功绩，亦足以启吾辈心胸也。沧浪梦里，景物犹是；依依江南，馨香祝之。

你是什么人，我的读者，百年之后读着我的诗？
我无法从春天的财富里送你一朵鲜花，
也不能从天边的云彩里赠你一缕金霞。
请打开门来四望吧。
从你繁花盛开的花园里，
采集百年前消逝了的花儿的芬芳记忆。
在你心灵的欢乐里，
愿你又感受到一个春晨吟唱的活的欢乐，
让欢快的声音，传过一百年的时光。
——泰戈尔

展览现场

《回望江南》书影

美术馆外景 ——————————————————— 展览现场

展览海报

心匠自得为高

五岭之南，山川清峻，人杰地灵，画家蔚起。近代以来，名家辈出，如众星灿烂，佳作如林。湘波兄在繁复职守之余，自岭南诸先辈大家汲取营养，研治花鸟工笔之道，再结合才情加以发扬光大，最得岭南画派之气韵，造诣精深，又深具时代气息，馨逸独绝。在今日画坛可谓翘楚，殊可钦佩。

自汉唐以降，历代中国画大家推崇以笔墨抒写内在世界，抒发升华情感，尤为讲究文气和学养。虽笔墨、色彩和情操等对比及谐和构成灵性而隽永之画面，唯画中有诗，方有神韵和格调。故郭若虚在《图画见闻志》写道："凡画必周气韵，方号世珍。"湘波兄天性笃厚，真情洋溢，以此二者为画境之根本，历经数年艰辛，专攻"一元复始，万象更新"之二十四节气题材，满目琳琅，奇音乃发，引人入胜。湘波兄再以疏宕古拙之笔触与绵邈清逸之风韵融会无间,芳馨醇至;又在抒写风物之中融入旷达之情,感寓深至。古风今情,混合古今,风格遒上,堪称别开生面之上乘之作,殊不多觏。

百年易尽,天地无穷。抚今追昔,二十世纪中国现代美术事业的奠基人颜文樑先生和他亲手创立的苏州美术馆,皆深植于苏州这座雅致包容的历史文化名城。"一个人一个馆一个市"是苏州美术馆不变的初心和永恒的追求。晚学义不容辞的使命和担当就是用情展览之中,放怀展览之外,透过展览表现出千载之覆,与观者共语丹青。这是"真",这是生命的源泉,这亦是呈现给观者的作品,这更是与观者的心灵相约。

在艺术界里,不论是哪一种,达到成功的途径,只有一个公式,那就是要有生命。作品怎样才算有生命呢?生命是"真"所给与的。

——辑录电影大师费穆先生片语,谨为序。

展览现场

颜文樑
厨房
47cm×63cm
1920 年

梦想见容辉

我必须再去看看大海,
去看那寂寥的大海与长天,
我只要一艘桅杆高高的航船,
还要一颗星星为我导航,
呵,还要坚固的舵轮,轻吟的海风,飘扬的白帆,还要,
还要在海雾蒙蒙时出航,感受破晓时分的朦胧紫光。

——约翰·梅斯菲尔德

求艺之路,千岩竞秀,万壑争流。中外绘画大家在绚烂如夏花般年纪时,大抵如此。譬如,二十四岁时,卢西安·弗洛伊德(Lucian Freud)前往巴黎,结识了毕加索。二十四岁时,威廉·德·库宁(Willem De Kooning)在纽约结识了戈尔基,开始学习抽象画。二十四岁时,杰克逊·

波洛克（Jackson Pollock）参加西凯罗斯举办的实验工作坊，第一次见识了液态颜料的运用。二十四岁时，颜文樑为上海来青阁书坊画水彩画风景十六幅，月份牌二幅。二十四岁时，林风眠结束在巴黎艺术学院四年的学业，组织了"霍普斯会"。

艺术家，求道者也。安塞姆·基弗称艺术家为"没落者"，认为艺术家永远得不到他想要的东西。余生也晚，窃以为，绘画之道，智慧矣。看透表象，"脱去形迹"，觉悟绘画本质规律，至为重要。艺术，亦贵在独创。禅家曹洞宗留下经典对答。有僧问良价禅师：欲见和尚本来师，如何得见？师曰：年牙相似，即无阻矣。僧拟进语，师曰：不蹉前踪，别请一问。当今之绘画，在前人恢宏成就光辉之下，走在人先、自成一家，殊为不易。如何镜鉴哲学、文学、符号学、文学批评以及视觉研究方面公认之成果，彰往察来，领悟当下，不落窠臼，独具自家格调，乃是访道深研的题中之问。

中国绘画讲究"写意"，抒发情怀，情韵深邃；寄托理想，意蕴丰赡；追求"抚琴动操，欲令众山皆响"，深有道在。西方学林亦有类似研究成果。比利时学者德·迪弗认为，情感才是艺术的终极理据。融贯中西，抉发探微东方绘画之意，亦为展览之帜志。如何寻找生活中最具典型特色的图像，伫兴发抒，逸笔纷披，赋予东方意蕴，"写"

出"但以意取，不问真似""驱役万象"的境界？探寻答案的过程，既是艺术家表达心灵世界的率意挥洒，也是艺术家抒写哲学层面上的自我、绘就艺术层面上的自主，更是艺术家找到人文关照和生命希求的大意大美。

"感往悼来，啸歌长吟。"1920年，颜文樑先生创作出一生中最重要的作品《厨房》，年仅二十八岁。1922年，颜文樑先生始创苏州美专，时年三十岁。1927年，颜文樑先生初创苏州美术馆于沧浪亭苏州美专，其时三十四岁。正始明道，澄怀味象。这亦是晚学思之所钦，心之所往。亟盼更多艺术家嘉禾秀出，绘出才气骏发之作，映现深旨，感悟驰情，展现生命中美轮美奂，艳丽如朝霞般的隽美。

展览海报

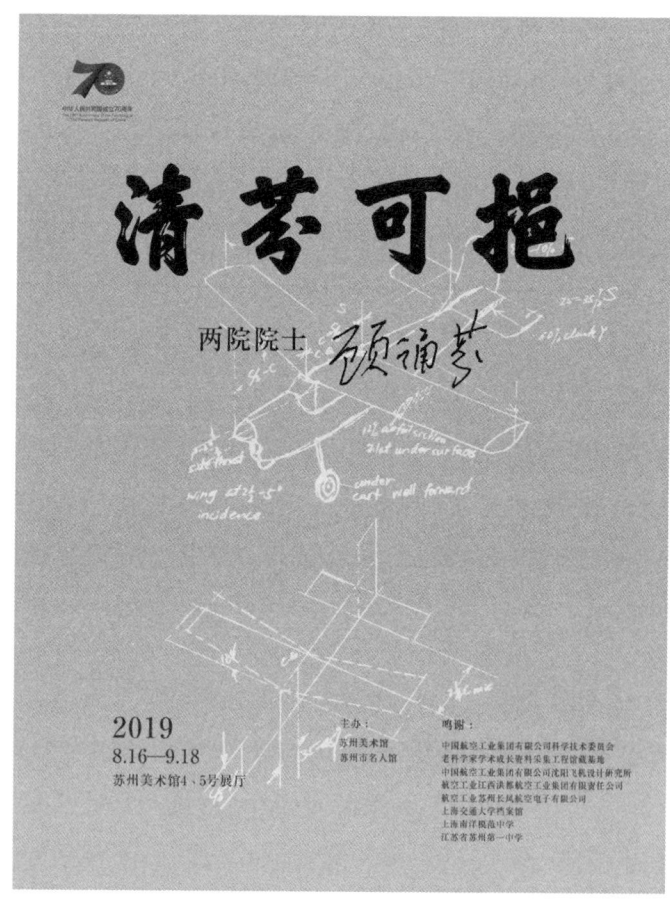

满楼苍翠是平生

顾诵芬院士是地地道道的苏州人。他的家国深情有其深厚的家世渊源。顾氏家族享有"江南第一读书人家"之美誉。他的父亲顾廷龙先生是著名的版本目录学家、书法家，曾担任上海图书馆馆长，堪称是当时师儒硕彦。他的母亲潘承圭女士出自苏州"贵潘"的潘家，高祖乃是乾隆五十八年癸丑科状元、道光年间晋英武殿大学士、太子太傅的潘世恩。他母亲的姑姑便是吴湖帆先生的夫人潘静淑女士。顾家与吴大澂、吴湖帆的吴家、王同愈的王家都有着姻亲关系，均是当年江南名门胜流。

顾诵芬院士一门人文彬蔚，独有优美之家风。顾廷龙先生曾在苏州老宅门楣题写"恭俭庄敬"四个字，既是传世警句，又表明澹泊明志、宁静致远之心迹，更涵合时代之精神！展览筹备的过程，既是梳理顾廷龙先生、顾诵芬院士珍贵文献资料的过程,也是沐浴他们光辉人格魅力的过程,更是我们自己洗心升华的过程。展览筹备得越是深入,对顾诵芬院士越发景仰。当然,我对顾院士的了解主要来自从文献资料,认识还是浮光掠影的。

顾诵芬院士集中体现了中国历代文人志士最珍贵的品格,那就是"知仁勇毅诚"五者。这是天下之达德。一是"知"。顾诵芬院士学而致知,致知而致用。两院院士就是对他学识和成就的认可,他完全配得上这个"知"字。二是"仁"。顾诵芬院士敦笃雅度,毫无架子。与他共事,给人以温暖和信心。他就是温文尔雅、谦谦君子的代表。三是"勇"。《留侯论》里有段话,"天下有大勇者,卒然临之而不惊,无故加之而不怒。此其所挟持者甚大,而其志甚远也",用来形容顾诵芬院士再贴切不过。顾诵芬院士一身忠胆,忠心报国。歼8试飞时,他瞒着夫人,冒着生命危险,亲自乘坐歼教6飞机上天,直接跟在试验飞机后面,用望远镜观察。两架飞机最近时,仅隔五米。他的大勇是深藏在心底的,那就是以家国天下为己任的心胸,志向高远。四是"毅"。顾诵芬院士为新中国的航空事业奋斗一生,把自己奉献给了研究飞机、设计飞机一件工作上,辛勤耕耘,矢志不渝。五是"诚"。顾诵芬院士与父亲顾廷龙先生,父子两代人,一生追求进步。可谓赤子其人,初心炎炎。

科学家不少,非有突出成就者不为胜,突出成就非有报效祖国者不为显，报效祖国又澹泊致远者更为珍贵。重温顾诵芬院士的嘉德懿行，既是增添文化自信的过程，也是熔铸灵魂的过程。"满楼苍翠是平生"。顾诵芬院士身上闪耀着江南这一方水土所孕育滋养出的智慧、气度、神韵，体现着江南最为深邃的人文内涵，更蕴含着中国知识分子光风霁月般的人格境界和精神风范。

顾诵芬院士今年恰是米寿八十九周岁。按照苏州"做九不做十"的传统，为顾诵芬院士九十耄耋祝寿，敬祝松鹤延年！"滴水观沧海"，用美的艺术语言生动叙述，别具慧心展现顾诵芬院士这一典型个案，娓娓道来顾诵芬院士那一代人引人入胜的故事，以此向千千万万为新中国繁荣富强付出汗水、辛劳乃至生命的英雄模范和先进人物致敬！让更多的青少年在这些历经时光淬炼的展品中找到人生的航标。这是我们一点绵薄的心意。

展览现场

展览现场

展览海报

又见依依江南

"人人尽说江南好,游人只合江南老。春水碧于天,画船听雨眠……"自唐宋以来,包括苏州和上海在内的江南地域,备受推崇,公认为海内繁华、风土清嘉之地。"文采风流,为天下冠",以至于世人往往误将江南文化等同于"中国"文化。

斗转星移,延续至上个世纪,苏州和上海在文化维度上更是一体。国人所熟知的苏州籍文化名流,譬如书画巨擘吴昌硕、吴湖帆,国学大师章太炎,教育家、出版家叶圣陶,版本学家、书法家顾廷龙,诗人导演费穆,建筑大师贝聿铭,掌故大王郑逸梅,话剧皇帝金山,还有柳亚子、周瘦鹃、范烟桥、包天笑、程小青等,不胜枚举,皆是或工作、或学习、或生活往返于沪苏两地。

江南之秀美,荡漾在画桥之畔,回味在莼鲈之思,萦绕在笔墨之端。纵有千般话语、万种风情，仍难道尽江南之独有意韵。好在摄影术自十九世纪中叶便传入中国，留下不少有关江南的图像。"照"之凿凿，记录下百年江南变迁的大致风貌。图像江南宛如和弦，并非当年照片的简单叠加，而是提供给后人一种全新的看待江南的视角和方式。

文征明有诗曰："信有山林在市城……手携书卷得童耕。"无数文人雅士徜徉于小桥流水、莺啼燕语之中，读书作画，吟诗品茗，更为江南增添了钟灵秀气、雅致风尚。展览荟萃珍贵老照片二十五幅，皆拍摄于上世纪上半叶。一帧帧斑驳的图像，展现出的是每个人心灵之中的江南，介乎于真实和美感之间，更承载着千百年来江南人乃至中国人血液中不朽的文化基因。

《文心雕龙》有云："吐纳英华，莫非情性。"中国传统美学推崇以笔墨或文学抒写内在世界，抒发升华情感，尤为讲究神韵和格调："形骸既适，则神不烦；观听无邪，则道以明。"透过这些悠远的图像，与观者共话羁情，与观者追思澹远，与观者相悦灵心。

回眸江南，蕴涵深情。浓缩江南百年风物、园林情志的众多图像，呈现出如画的江南，如诗的江南，如歌的江南，映照在每个人的本心，如在秋水，动人心魄。大道多歧，贞下启元。"细看造物初无物，春到江南花自开"，待春风十里,蝴蝶飞故园,故人又相逢。江南必再含清晖、愈发醇美,亦更有情有味、入神入心。

《江南城市》书影

苏州城郊外离寒山寺不远的枫桥处，
可见到远处的虎丘塔
20 世纪 30 年代

俯瞰石湖
远眺上方山的美景
晚清时期

苏州环城河轻舟悠然过水的即景 二十世纪初

展览海报

挥弦远行曲长存

我与吴作人艺术馆缘深情深份也深。上世纪九十年代，初入文化局工作，联系走访的第一个文化场馆即是吴作人艺术馆。十七年后，从机关到基层工作，又与吴作人艺术馆结缘。此后的七年间，带领诸同仁殚心竭虑、苦心经营，定位吴作人艺术馆为承传吴作人先生文脉及精神之所在，改造升级场馆及设施，陆续推出有关吴先生艺术与人生的系列文献展。始获社会各界好评，甚感欣慰。

这是我第四回怀着无比虔诚的情愫，撰写吴作人先生展览的前言。可能也是我供职苏州市公共文化中心期间的最后一回序文了。虽不能彰显吴作人先生高风高艺之万一，《但替河山添彩色——吴作人〈黄河三门峡〉研究展》自筹备到布展及宣传，均做得扎实生动。呈现给观众的不仅是精湛的画作和详尽的文献资料，更是吴作人艺术馆为学为业的坚守与淡定。

王尔德说过:"杰出的知识分子总是与自己的时代具有象征的关系。"上世纪五六十年代,吴作人先生热忱地投身新中国建设,从祖国河山中寻找创作源泉,从火热生活中发掘新绘画语言,潜心写生,孜孜不辍,创造性重塑属于自身的独特风格。以吴作人先生为代表的那代人开创新中国美术事业的艰困卓绝,弘道授徒的苦心孤诣,点点滴滴留存青史。吴作人先生曾长期担任中国文联副主席、中国美协主席、中央美院院长等职,终其一生却无官气俗气,却是士气盎然萃于一身。吴作人先生的生平事迹,莫不以儒风高节、家国情怀为宗基,依稀透着一片唯有江南才有的矜定淡雅,实为江东独秀。这是经过多少年烟雨浸润后,才会有的襟怀韵致。

岁月苍莽,尘缘微缈。年轻一代如重山远隔,未必知晓吴作人先生。鲁迅先生认为:"外之既不后于世界之思潮,内之仍弗失固有之血脉,取今复古,别立新宗。"从远渡重洋负笈求学的经历审视,吴作人先生的西画功底厚实严谨;从国学渊源浸染审视,吴作人先生的中国传统文化修养沉博精深。俨然集中西古今之大成者也。窃以为,中国画的学问重在学养。学养之堂奥则在于文史哲相通,琴棋书画一体。吴作人先生早年擅西画,中年后攻国画,终成一代宗师。有学有识有甘有美有古有新,光风霁月、格韵动人。真识与丘壑、阅历与磨练，方能淬炼出高逸的美学境界。

　　花开花谢，庭院依依。吴作人先生留下一簇薪火在故乡。吴作人艺术馆伴着深深的曲巷、淡淡的双塔、静静的流水，隐约流露出千年江南的芳菲与灵秀。一曲衷情，寸心万里，雅歌声声绿荫里。

展览现场

苏州园林

后记

长度与宽度

出版社要为苏州美术馆馆长曹俊兄出文集，希望我写篇短文。照理说，我认识曹俊兄时间不过三年，接触范围也仅局限于区区艺展，无论从时间的长度还是空间的宽度看，撰写此文也许都不是合适的人选。然而仔细一想，即便就在这有限的长度和宽度之间，曹俊兄依然呈现了他的诸多精彩，令人难忘，颇值得费些笔墨记录下来。有的人交往甚久，经常在不同的场合见面寒暄，但可言者寥寥；有的人接触时间不长，空间也有限，却能让你寻觅到他（她）不同寻常的侧面。

认识曹俊兄之前，我对苏州美术馆几乎一无所知。如我一样，不少上海的艺术家和观众不仅对苏州美术馆不熟悉，而且想当然地常常将苏州美术馆与苏州博物馆混为一谈。苏州博物馆原本无论在藏品、规模还是观众关注度等各个方面，都排不上全国博物馆的第一梯队。进入新世纪，世界华人建筑设计大师贝聿铭先生亲自为故乡苏州设计了苏州博物馆新馆。苏州博物馆"时来运转"，也趁势借助贝聿铭先生设计新馆的契机励志革新，展现了崭新的风貌。观众纷至沓来，苏州博物馆新馆声誉鹊起，也成为了苏州的一张城市名片。相反，历史比苏州博物馆要久远的苏州美术馆，似乎有些被忽略了，让人颇有些"只知有汉不知魏晋"的落寞感。

曹俊兄2013年末执掌苏州美术馆时，也正是苏州博物馆新馆如日中天之际。不过，对于曹俊兄来说，他的"对手"苏州博物馆新馆也是他的"老熟人"了。因为当年作为英文翻译，他"有缘全程参与苏州博物馆新馆建设"，对苏州博物馆新馆也算得上知根知底了。

曹俊兄是怀着远大的报负、明确的理念到苏州美术馆走马上任的。他开局就有大手笔——我初识曹俊兄，就是去报道苏州美术馆推出的"苏州文献展"，并为展览独特的构想、宏大的规模、丰富的展陈手段所折服。"苏州文献展"在苏州美术馆、颜文樑纪念馆和朴园等室内室外多个空间同时展开，将历史与当下贯通，力求从现代文献的源头去追寻姑苏的文脉,令我感受到曹俊兄的视野和气魄。

但曹俊兄绝非好大喜功之辈,他对苏州的城市地位和历史有深刻的体认,对苏州美术馆的发展路径也有着清晰务实的擘划:不求其全,面面俱到,只希望通过一个个具体的独树一帜的高质量的艺术展览来梳理苏州的文脉以及苏州和江南的渊源,将苏州的历史文化艺术放在整个江南文化发展的大背景下进行观照,最大限度地将苏州美术馆的传播力和影响力扩展到长三角地区。于是,我们看到,"贝聿铭文献展""苏州美术馆建馆九十周年大展——颜文樑文献展""吴中耆宿——张一麐文献展""俯仰两无愧——叶圣陶文献展""诗人导演——费穆文献展""吴门巨擘——吴䍩木作品展""姑苏繁华录——苏州桃花坞木版年画特展""江南如画——中国油画作品展""意象江南——庆祝新中国成立70周年艺术大展""三生长忆是江南——海上名家姑苏诗意作品特展""初心·前行——庆祝新中国成立70周年上海书法名家特展""寻觅江南——乐震文、陆春涛双个展""回望江南——苏州美术赛画会100周年特展"等一个个精彩纷呈的展览扑面而来,虽然内容各异,主题不同,但是无不与江南姑苏的艺术、人文传承线索相关联,从不同侧面拼接成了别开生面的江南艺术图景。我们还看到,苏州美术馆不仅本地的观众人次急剧增加,越来越多的长三角地区观众也开始认识了这座已有九十二年历史的名馆。苏州美术馆甚至"借船出海",破天荒地应邀与上海刘海粟美术馆合作在上海办展,在上海田子坊设立分馆。我们也因此似乎"窥见"到了曹俊兄真正的雄心和"野心":力图将苏州美术馆打造成为一个独特权威的"江南视觉艺术的展示序列"平台。

曹俊兄不是美术专业或者美术博物馆管理专业出身,但这反而让他的思考角度往往超越具体的美术领域,能够从更高的文化层面切入,富于一定的前瞻性。在当今所谓的"博物馆怀疑论"甚嚣尘上之际,曹俊兄以他的成功实践证明了美术馆博物馆在当下中国的价值所在。

按我过去的经验,实干家未必擅长写作或者有意愿、有空闲写,但曹俊兄是个例外。虽然他还兼着苏州公共文化中心主任一职,平时杂事缠身,但他是如此热爱写作,苏州美术馆近几年的重要展览,几乎都留下了他精妙的文字的痕迹。他属于"苦吟"派,每为展览撰写前言,谋篇布局,遣词造句,必反复推敲,常有言人之未言的新见地。他所撰的展览前言既是他个人对展览的理论总结,往往也成为展览的有机组成部分。

我很喜欢唐朝名相裴度的名言:"先器识后才具"。不知为什么,回味这句名言的时候,我的眼前会闪过曹俊兄的身影。

张立行
上海文艺评论家协会副主席、《文汇报》创意策划总监兼文化中心主编

图书在版编目（CIP）数据

一样春风几样青：一个美术馆馆长的札记 / 曹俊著
. -- 上海：文汇出版社，2020.8
ISBN 978-7-5496-3254-1

Ⅰ．①一… Ⅱ．①曹… Ⅲ．①随笔－作品集－中国－
当代 Ⅳ．① I267.1
中国版本图书馆 CIP 数据核字（2020）第 116000 号

一样春风几样青

一个美术馆馆长的札记

著　　者 / 曹　俊
责任编辑 / 何　璟
装帧设计 / 一亩幻想
出 版 人 / 周伯军

出版发行 / 文汇出版社
　　　　　上海市威海路 755 号
　　　　　（邮政编码 200041）
经　　销 / 全国新华书店
印刷装订 / 上海颛辉印刷厂
版　　次 / 2020 年 8 月第 1 版
印　　次 / 2020 年 8 月第 1 次印刷
开　　本 / 890×1240　1/32
字　　数 / 100 千
印　　张 / 6.25

ISBN 978-7-5496-3254-1
定　　价 /68.00 元